KB193402

공존의 사회학

다문화사회에서 함께 살아가기

공존의 사회학: 다문화사회에서 함께 살아가기

초판 인쇄 2025년 3월 4일
초판 발행 2025년 3월 14일

지은이 김영순 | **펴낸이** 박찬익 | **책임편집** 권효진 | **편집** 이수빈
펴낸곳 패러다임북 | **주소** 경기도 하남시 조정대로45 미사센텀비즈 8층 F827호
전화 031)792-1195 | **팩스** 02)928-4683 | **이메일** pijbook@naver.com
홈페이지 www.pijbook.com | **등록** 2014년 8월 22일 제2020-000028호
ISBN 979-11-92292-22-9(03300) | **가격** 18,000원

이 책은 2024 인하대학교 저술지원비에 의해 수행되었음.

공존의 사회학

다문화사회에서 함께 살아가기

김영순 지음

패러다임북

서문

아름다운 공존을 위한 지침

"민주주의와 자본주의가 공존하는 대한민국은 모든 국민이 평등한 행복추구권을 누리며 살고 있는가?"

이 질문에 확실하게 "그렇다"라고 대답하는 이는 아무도 없을 것이다. 그 이유는 '민주'와 '자본'을 품은 두 가지 이데올로기가 '건전하게' 공존하지 않기 때문이다. 이렇게 이념을 가지고 공존으로 설명하는 데는 심각한 어려움이 있을 수 있다. 그래서 이 책은 영·육·혼을 가진 인간 개체와 또 다른 인간 개체가 이루는 사회를 중심으로 공존을 설명하고자 한다.

다양한 개인들이 다양한 가치관을 가지고 갈등, 경쟁, 협동, 교환의 상호작용을 하며 더불어 삶을 사는 곳이 바로 민주주의 체제를 선택한 사회의 모습이다. 이 민주주의 사회에서는 차이가 차별되지 않고 다양성으로 소통되는 공존의 생태계가 강조된다.

이 책에서는 공존을 위한 사회문화 현상에 관한 리터러시를 강조하며, 궁극적으로 공존을 위한 협동적인 작업으로서 역할학습을 모색한다. 나와 너의 위치와 입장을 바꾸어 보는 작업이야말로 나와 다른'타자'를 이해하는 연습이라고 강조한다.

우리 사회는 '다름'의 가치가 증폭되는 다문화사회에 접어들어 예기치 않은 문제들이 사회문제로 확대되고 있다. 다문화사회에서 구성원들 간에 존재하는 다양성을 어떻게 통합해 가는가가 공존의 삶과 지속가능한 사회 발전과 관련이 깊다. 이 책에서는 어떤 정책을 입안하고 이를 실천하는 사회제도와 아울러 인간 개개인이 지니는 감정과 윤리에 대해 호소하고자 한다.

상호문화주의는 개인의 감정을 포함한 개별성을 존중하는 윤리를 실천하는 데 중심을 둔다. 아울러 상호문화주의는 타자의 문화를 존중하는 개방적 자세로 사회통합을 이루어야 한다는 논리를 함의한다. 상호문화는 개인이나 다른 문화집단이 성공적으로 융화되는 과정이다. 개인과 서로 다른 문화집단이 지향하는 의미가 양면성을 지니는 과정이고, 이러한 양면성이 하나의 의미로 통일되는 과정이기도 하다. 이러한 과정에서 소통이 일어나고 정서적 반응이 일어나며, 적응과 교육과정과 같은 문화 이식 현상이 일어날 수 있다.

독일 철학자 하버마스는 자문화중심주의를 넘어서기 위해, 상호문화적으로 매개된 공동체 구성에 관심을 가졌다. 특히 의식과 의식의 동일성이라는 추상적이고 낭만적인 전략을 넘어 언어가 갖는 상호문화성을 강조하면서 언어적으로 매개된 상호문화공동체 구성에 집중한다. 상호문화주의는 주류문화와 소수문화라는 이분법적인 사고를 버리고, 두 화자의 의사소통을 중요하게 생각한다. 상호문화주의의 개념은 이론적으로 상호주관성과 감정이입을 강조하는 후설의 현상학이나 대화를 강조하는 하버마스의 의사소통이론에 함의된 것으로 이해된다.

상호문화주의는 서로 다른 문화 사이의 관계를 동적인 측면에서 인식한다. 따라서 상호문화주의에서, 문화란 동적 속성을 가지고 있으며, 다른 문화는 서로 간섭함으로써 주류문화와 비주류문화가 묵시적 상호작용을 하게 된다. 즉 상호문화주의는 다양한 현상들의 소극적인 공존을 넘어서 그들 사이의 역동적 상호실천 행위를 강조한다.

상호문화적 이해와 대화의 가능성은 생활세계의 차원에서 사회구성원 간 차이에 관한 많은 타협이 일상적 경험과 만남을 통해 이루어지고 있음에서 엿볼 수 있다. 즉 상호문화 실천은 만남을 전제로 하고, 이해와 대화의 가능성을 열어두고 있다. 필자는 "상호문화실천이란 문화다양성에 대한 인정과 존중을 바탕으로 상호 적극적인 의사소통과 성찰을 통해 공존사회를 모색해가는 사회적 변혁운동이다."라고 정의한다. 또한 상호문화실천의 개념을 개인적 차원, 사회적 차원, 초국적 차원으로 영역을 구분하였다.

상호문화실천의 개인적 차원은 기존의 단일민족, 단일문화 정체성에 대한 성찰을 통해, 타문화에 대한 인정과 존중을 바탕으로 공존의 정체성을 함양하고 상호소통과 배려를 실천하는 행위이다.

상호문화실천의 사회적 차원은 서로 다른 문화집단 간의 능동적인 사회적 상호작용 행위이다. 사회의 제도적 주체들, 예를 들어 지방 및 중앙 정부, 여타 관련 기관이나 조직들이 이주집단의 보편적 인권과 기본적 필요를 위한 자원과 복지를 제공하고, 교육과 사회참여를 위한 균등한 기회를 부여한다. 이는 사회적 갈등을 방지하고 공존사회로 전환하기 위한 실천적 행위이다.

상호문화실천의 초국적 차원은 인류 보편의 가치관을 형성하고, 권리를 존중하며, 세계시민적 정체성을 가지고 타문화권과 연계된 국제적 활동 프로그램에 적극 참여하여, 세계적 빈곤과 불평등의 해소, 국가 간 이주의 자유를 보장하는 등 실천적 행동을 통해 지속가능한 인류의 발전에 기여하는 것이다.

우리는 이 책을 통해 무한한 상호문화실천을 경험할 수 있다. 나와 너의 대화가 너와 나의 만남이 되고 사회적 '우리'로 확장될 수 있다. 이 책은 대학의 교양 수준의 내용을 포함하고 있어서 더불어 삶을 희망하는 모든 독자에게 공존의 사회를 선사할 것이다.

이 책의 집필과정에서 대학 교양과목의 팀티칭을 함께 진행했던 정경희 교수님, 오영섭 교수님, 최수안 교수님의 도움이 있었다. 또한 원고를 꼼꼼히 교정해 준 대학원 제자 최현정 선생님, 송연숙 선생님, 우지연 선생님께 감사함을 전한다.

목 차

1

위험사회와 위대한 공존

위험에 놓인 사회

우리는 모두 911 사태를 기억한다. 이 사건은 이슬람 테러집단에 의해 자행된 미국에서 있었던 가장 잔인하고도 무도한 집단 참사이다. 민주주의 국가의 전형인 미국, 자유여신상이 우뚝 서 있는 뉴욕 한복판에서 집단 테러가 발생한 것이었다.

한번 생각해 보자. 왜 이런 불행한 일이 일어났을까? 이런 일이 무엇 때문에 생겼을까?

필자는 이 테러 사건을 단순히 종교 간 혹은 민족 간의 오랜 갈등이 표출된 것이라고 하는 일련의 주장들에 대해 동의하지 않는다. 이 테러 사건에 대해 인간이 지닌 어떤 본질적인 측면의 접근을 통해 곰곰이 성찰할 필요가 있다. 이런 일이 미국에서만 있었던 일이 아니라 우리나라에서도 언제든 일어날 수 있음을 알려주고자 한다. 또한 이와 같은 참사는 우리의 생활세계에서 충분히 벌어질 수 있다. 이를테면, 2003년에 있었던 대구 지하철 방화 사건을 살펴보자. 이 사건은 개인이 지닌 사회에 대한 불신과 복수심이 불특정 다수에게 표출된 사건이다.[1] 뿐만 아니라 개인의 불쾌한 감정이나 민족적인 차별 경험들이 사회적 혐오로 전환되

1) 2003년 2월 18일, 대구 도시철도 1호선 중앙로역에서 발생한 방화로 인해 대규모 화재 참사가 일어났다. 대구 지하철 방화사건으로도 알려진 이 사고는 2.18 참사로 불리며, 2개 편성의 전동차(6량씩 총 12량)가 전소되었다. 이로 인해 사망자 192명, 실종자 21명, 부상자 151명이 발생하였으며, 이는 대구 상인동 가스 폭발 사고와 삼풍백화점 붕괴 사고 이후 가장 많은 사상자가 나온 대형 참사로 기록되었다.

어 발생한 상당 수의 사건들이 우리사회 도처에서 일어나고 있다. 이러한 묻지마 폭력행위는 한 개인이 지닌 사회에 대한 불만의 표현이라 생각한다. 그렇다면 위에 제시한 사건 원인에 질문은 사회 구성원으로서 개인에게 소급될 수 있다. "한 개인이 사회에 대해 왜 불만을 갖게 되었는가" 말이다.

이런 질문을 답하기 위해 이 책을 집필하게 되었다. 이 책을 통해 우리가 얼마나 위험한 사회에 살고 있고, 이 위험사회에서 함께 생존하는 방법을 모색하고자 한다. 즉답하자면, 이 방법은 공존이며, 이 공존 방법이 무엇인지를 알아나가는 것이 우리들의 과제이다. 일단 공존 방법을 도입하기 위해 난민 문제를 도입해 보자. 대부분 아프리카나 중동지역을 중심으로 난민들이 발생하는데 이 난민들은 왜 발생했을까? 종교 간 갈등이나 민족 간 갈등에 의한 국내 분쟁과 소요와 전쟁 등 여러 가지 이유로 그들이 자신의 거주 지역에서 살지 못하고 다른 지역에 이동하는 상황이 발생한다. 우리는 이들을 난민이라고 칭한다. 우리나라에도 많은 난민이 다양한 이유로 유입되었고 인천 공항에 있는 영종도의 난민 캠프에 들어와 있다.[2)] 이런 현상들을 살펴봤을 때 지구상에서 인간이 실제로 평화롭게 살았던 시대가 역사적으로 많지는 않았다고

---

2) 2024년 난민신청자는 18, 336명, 2020년 난민신청자는 6,684명, 2023년 난민신청자 18,838명으로 2013년 난민법 시행 이후로 난민인정신청 건수는 역대 최고치이다. 1994년부터 2024년까지 총 1,544명이 난민 인정을 받았으며 2024년 한 해 동안은 105명이 난민인정을 받았다. 2024년 12월 누적 난민신청 건수는 122,095건이다.

생각한다. 세계는 늘 전쟁과 같은 위험 속에 놓여 있었다고 해도 과언이 아니다.

어쩌면 지금 우리 시대는 인류가 가장 평화롭게 살고 있는 시대일 수도 있다. 우리나라 역시 역사상 수많은 전쟁과 외침(外侵)으로 인해 난민이 생겨나고 기아에 허덕이던 시대가 있었다. 구한말 일제 강탈로 한반도에 살던 우리의 선조들이 러시아 원동 지역으로 이주했고, 이들이 다시 중앙아시아 각지로 이주를 당했다. 조국을 잃은 난민의 슬픔은 이루 말할 수 없을 것이다. 이러한 전쟁에 의한 난민의 문제는 지구가 여실히 위험사회라는 것을 보여주고 있는 것이다. 이렇게 인간의 문제만으로 위험사회라 칭하지 않는다. 기후위기라 일컫는 온갖 자연재해 역시 인류에게 위험으로 다가온다. 지구상에서 태풍, 지진, 해일 등 자연재해로 수많은 생명이 희생되곤 한다. 그래서 "문밖은 위험하다"를 동의할 수 밖에 없게 되었다.

필자는 위험에 관한 흥미로운 연구 하나를 소개한다. 독일의 사회학자 울리히 벡이 표명한 '위험사회론'이다. 그는 일반적으로 '위험'이란 자신이 통제할 수 없다는 느낌에서 비롯된 감정이라고 설명한다. 위험이란 끔찍한 범죄 그 자체가 아니라, 그러한 범죄가 반복적으로 발생할 가능성에 있다. 사람들이 그 반복 가능성을 인지할 때, 그것이 곧 '위험'으로 인식된다고 말할 수 있다.

다문화사회, 기회일까? 위기일까?

프랑스 파리, 어떤 곳인가? 프랑스 대혁명으로 민주주의 역사에 위대한 획을 그은 장소이다. 프랑스 대혁명은 1789년 부르봉 왕조를 무너뜨리고 국민 의회를 열어 공화 제도를 처음으로 있게 하였다. 이 혁명을 계기로 파리는 시민 혁명의 발상지가 된 것이다. 그래서 유럽에서는 프랑스를 가장 빨리 민주주의를 경험한 나라로 인정한다. 프랑스 국기에 세 가지 컬러 청색, 백색, 적색은 자유, 평등, 박애 정신을 표방하고 있다. 프랑스의 수도 파리에서도 인종과 민족 갈등에서 비롯된 테러 사건[3]이 발생했다. 참 어떻게 보면 아이러니하고 굉장히 불행한 사건이라 할 수 있다.

이러한 파리 테러 사건은 특히 우리에게 주는 교훈이 매우 크다고 본다. 이 사건은 다문화사회에서 나타난 다양한 민족들이 구축한 혼합 공동체에서 도출될 수 있는 갈등과 그것이 가져올 수 있는 인류의 비극을 보여준 것이다. 왜 그렇게 다양한 민족과 인종들이 갈등하고, 왜 전쟁과 테러가 일어나고 난민이 생기는지? 행복할 권리가 있는 인간들이 서로를 미워하고 불신하고 폭력을 가하는 이런 사태가 왜 일어난 것일까? 과연 테러를 가한

3) 2015년 11월 13일, 파리 곳곳에서 자살폭탄과 총기를 이용한 동시다발적 테러가 벌어졌다. 이번 테러를 주도한 IS는 정부시설이나 공공기관이 아닌 일반 시민들을 대상으로, 공연장, 축구 경기장, 식당, 카페 등에서 공격을 감행했다. 이로 인해 약 132명이 사망하고 350여 명이 부상을 입은 것으로 보고되었다.

행위자에게만 문제가 있는 걸까? 그 테러를 유발시킨 그 누군가에게도 책임이 있는 것이 아닐까? 또한 남에게 피해를 준 사람의 문제인가? 아니면 더 많은 다수자의 문제일까?

2016년 여름 필자는 체코에서 열린 국제학술대회에 참석하고자 프라하를 방문하게 되었다. 카프카의 집필지로 알려진 프라하성으로 가는 도중에 프랑스대사관을 지나게 되었다. 그런데 마침 프랑스에서 있었던 테러사건에 대한 추모회가 있었다. 장미를 바치는 프라하 사람들의 모습을 보았다. 물론 프랑스하고 체코는 같은 유럽권이지만 하늘길로 2시간 남짓 걸리는 거리다. 실제 육로로는 상당히 떨어진 거리지만 프라하 사람들은 파리 테러에 희생당한 사람들을 추모하고 있었다. 그 때 필자는 이런 생각을 했다. 왜 우리가 지구상에 살아가면서 이런 비극적인 일들을 경험하게 될까? 이런 비극은 개인적인 측면을 넘어 공적인 비극이라 할 수 있다. 이렇게 불특정 다수에게 해를 가하는 폭력행위가 왜 일어나는 것일까? 일련의 질문을 생각의 늪으로 저장시키면서 존 레논의 벽을 보았다.[4)]

존 레논의 벽이 프라하에 있는 이유는 바로 프라하의 봄, 그 자

---

4) 체코 프라하 대수도원장의 한쪽 벽면에는 낙서와 그림들이 가득 채워져 있다. 1980년 비틀즈 멤버였던 존 레논(John Lennon)이 암살당한 이후, 자유와 평화를 갈망하던 체코의 반공산주의자들이 비틀즈 노래 가사와 함께 자신의 생각과 메시지를 그림과 낙서로 표현하기 시작했으며, 그것이 오늘날의 존 레논 벽으로 이어졌다. 1998년에 새롭게 도색 작업을 진행했지만, 이후 다양한 언어로 된 낙서들이 다시 벽을 채우며 평화의 메시지와 세계인의 흔적이 어우러진 공간이 되었다.

유를 갈망했던 것을 상징적으로 표현한 것이라고 생각한다. 프라하는 공산주의로부터 자유를 갈망했고, 존 레논은 자유롭게 노래를 통해서 세계 평화에 기여했던 가수이다. 파리 테러 사건의 희생자들을 추모하는 주체코 프랑스대사관의 맞은편이 바로 존 레논의 벽이다. 이 벽에 그려진 그림 속에서는 프라하를 방문하는 많은 사람이 아주 자유롭게 자신의 감정을 벽화로 표현하고 있는 것을 봤다. 한 쪽에서는 테러를 당한 사람들에 대한 추모를 하고 있었고, 다른 쪽에서는 자유를 갈망하는 상징인 벽의 낙서들에서 필자는 자유의 무제한성에 대한 경계를 깨달았다. 자유를 갈망하는 표현들과 테러 희생자들에 대한 추모의 슬픔은 대비적이면서도 부조리하다. 어느 개인이나 집단의 자유는 인륜성을 위배하거나 다른 집단에 위해를 가해서는 안된다는 생각을 해 보았다. 테러라는 불행한 사건은 지구 어느 곳이든, 어느 때나 우리 인간 사회에서 존재할 수 있구나. 불현듯 엄습할 수 있다는 '위험지각'이 발현되었다.

작금의 우리사회도 다양한 민족들이 초국적 이주를 행하고 있어 다문화사회로 자리매김되었다. 2023년 통계로 보았을 때 약 5%의 인구가 우리와는 다른 민족적 배경을 가진 이주배경 인구이다. 다시 말해 다른 나라 사람들이 대략 2.5백만 명 정도로 추산된다. 물론 이 수치는 미미한 듯 보일 수 있다. 물론 고도화된 다문화사회로 되려면 향후 20년 이상의 기간이 필요한 것으로 전망된다. 정작 그 때가 되었을 때, 이주민들이 사회적 차별 및 불평등에 대한 불만을 쌓아나가고 이를 표출할 수도 있다. 이들에 대한 통합정책 서비스와 생활세계의 소통 통로가 없다면 우리사회가 지속가능한 다문화사회를 만들어 가기 힘들다는 전망을 한다.

한번 가정해 보자. 우리도 서구나 북미의 나라처럼 다양한 민족들로 구성된 다민족 · 다문화 국가였다면 민족 간 갈등으로 인한 테러가 없을 수 있다고 장담할 수 있을까? 이렇게 생각해 보면, 우리는 과연 이 시대를 살아가면서 무엇을 어떻게 해야 될 것인가에 대해 자문하지 않을 수 없다. 이 지구촌에는 전쟁과 테러라든가, 민족 및 종교 분쟁들뿐만 아니라 환경문제들도 있다. 이런 문제들은 인류의 평화를 침해할 수 있다고 본다. 그리고 앞서 살펴본 전쟁으로 발생하는 난민들, 이들의 빈곤이나 기아와 같은 문제들이 우리 지구상에는 굉장히 빈번하게 발생하고 있다.

우리도 미래에 발생할 수 있는 이주민-정주민 갈등 측면의 사건들을 직접적으로 직면해 있지는 않다. 그러나 우리사회도 오래지 않은 미래에 비슷한 위험에 처할 수 있다고 전망한다. 어떻게 보면 우리가 살고 있는 한반도는 말 그대로 '휴전 중'이다. 아는 전쟁 중에 아주 길게 휴식을 취하고 있는 중이라고 생각한다. 우리사회에서 대두되는 안보 문제는 여전히 우리사회가 위험사회이고 다문화사회의 위험들과 함께 고민해야 할 숙제이다. 필자는 다문화사회의 문화 간 민족 간 갈등문제, 남북 간 그리고 한반도를 둘러싼 안보 문제 등 사회 · 정치적인 문제보다도 개체적 인간들이 가지고 있는 어떤 인식적인 측면들을 들추어내고자 한다.

위험사회의 진정한 의미

우리사회의 다양한 인적 구성, 즉 인구적 다양성이 우리에게 어떤 영향을 미치는가. 이런 부분들에 대해 필자는 '위험사회'라는 개념을 가져와서 설명해보고자 한다. 특히 세계화에 따라 다양한 사람들이 한국에 이주해 오고 우리나라 사람들 역시 해외로 이주하고 있지 않은가? 이런 초국적 이주로 인해 교류하고, 우리나라 입장에서는 다양한 인구가 들어와서 우리사회에 도움을 준다는 측면이 있을 수 있다. 이는 곧 효율성에 기초한 이익사회가 될 수 있다고 볼 수 있다. 그럼에도 불구하고 왜 위험사회를 이야기하느냐 라는 질문을 제기할 수 있다.

이 위험사회라는 개념은 이미 울리히 벡(Ulrich Beck, 1944-2015)이라는 독일의 사회학자가 리스크 소사이어티(Risk Society)라고 한다. 실제 독일어에서는 '게파르(Gefahr)'라는 용어를 쓰고 있다. 그러니까 이 Gefahr라는 개념은 객관적으로 실재하는 위험을 얘기한다. 영어로는 '리스크(Risk)', 독일어는 '리지코(Risiko)'라고 하는데 이는 계산이나 예상을 통해서 사회적으로 인식된 위험이다. 그러니까 객관적으로 실재하는 우리사회에서 존재하고 있는 위험(Gefahr)과 사회적으로 인식된 위험(Risiko)은 다른 차원으로 설명해야 한다. 울리히 벡은 위험 자체를 게파르(Gefahr)와 리지코(Risiko)라는 두 가지 위험으로 나누고 있고, 이 두 가지 위험이 증대되는 그 사회가 바로 위험사회로 진단한다. 그의 저서 <위험사회>에서 "새롭게 등장하는 위험은 더 이상 특정 지역이나 집단에 한정되지 않는다. 이 위험은 초국가적이며 비계급적 특징을 지닌다"라고 이렇게 얘기한다. 그에 따르면 위험이라는 것이 어떤 한 사회 속에, 한 국가 속에만 있는 것이 아니라 국가와 다른 국가로 넘어가는 차원이라는 것이다. 또 어떤 한 계급에 대한 위험이 아니라 그 계급과 계급을 넘어서는 비계급적 특징을 지닌다는 뜻이다.

이러한 위험사회에 대한 징조를 한번 진단해 보도록 하자. 혹시 지금 누군가가 배가 고프다면 "나는 배가 고프다"라는 말을 할 수 있다. 이는 이미 불안이라는 감정을 동반한 발화이다. 즉, '배고프다'라는 관점은, 여러분들에게 주어진 여러 가지 조건 속에서 '배고프다'라는 현실적이고 생리적인 요구이다. 뿐만 아니라 내가 배고프지만 그걸 해결할 수 있는 시간적 여유나 경제적 여유가 없을 때 "나는 어떻게 될까?"라는 생각으로 이어진다. 그러한 이유로 불안이 만들어 진다. 이런 식으로 불안은 연동(連動)되는 것이다. 불안은 어떤 하나의 현상이 다른 현상과 맞물려서 함께 나타나면서 위험하다는 생각이 확대된다. "배고프다"라고 말하는 것 자체가 위험에 대한 현상이라면, 내가 "불안하다"라는 것은 그 위험에 대한 인식이자 실천이다. 그러므로 위험사회를 방지하기 위해서는 내가 '불안'으로 규정하는 것들을 어떠한 방법을 통해서 최소화해야 된다.

우리가 위험사회를 극복하기 위해서는 바로 배고프다는 측면보다, 불안하다는 측면에서 접근해야 된다. 다문화사회는 우리에게 이익을 주는 사회가 되어야 하는 데 사실 많은 사람은 다문화사회가 위험이 증대되는 사회라고 평가한다. 다문화사회의 도래에 따라 발생할 수 있는 위험에 대해서 우리는 무엇을 준비해야 할까? 이 질문에 대해 '공존'이라는 개념을 함께 생각하면 그 답을 추론할 수 있다. 공존의 조건들을 탐색하고 고찰해보는 것이 바로 이 책의 목적이다.

우리에게 맞닥뜨린 위험사회에 대한 대비되는 개념으로는 무엇을 말할 수 있을까? 필자는 지속가능한 사회라고 감히 말한다. 이 지속가능한 사회는 그럼 어떻게 만들어갈 것인가? 더불어 함께 살아가기이다. 인간만이 함께 살아가는 것이 아니라 AI와 같은 비인간 종도 함께 살아가는 것이다. 미래 세대들에게 지속가능한 사회를 연결해주기 위해서 가장 필요한 것은 함께 살아가기, 바로 공존의 실천이다.

공존 개념의 다양성

공존은 평화로운 정적인 상태가 아니라 주체와 타자 간의 상호작용을 의미하는 역동적 관계이다. 아울러 공존은 타자를 이미 전제하고 있다. 먼저 우리는 인간과 동물의 공존에 대해 생각해 볼 수 있다. 인간과 동물이 어떤 방식으로 관계를 맺어왔으며, 이러한 관계가 서로에게 어떤 영향을 주었는지에 대한 답을 찾기 위해, <위대한 공존>이라는 책을 소개한다. 이 책은 여덟 가지 동물과 인간의 관계를 다루며, 염소, 돼지, 양과 같은 동물들이 사냥으로 얻어진 동물들과는 다른 방식으로 길러지고 있다는 점을 설명한다. 염소, 양, 돼지는 집에서 가축(家畜)으로 키우는 것이다. 마치 가까운 친척과 같이 아끼고 돌본다. 예를 들어서 소는 최초의 짐 운반 동물이자 힘과 왕권의 상징이다. 박물관에 가보면 고고학적인 유물 중에서 소 그림이 나오거나 소를 형상화한 모습을 볼 수 있다. 그것은 소가 힘과 왕권을 상징하고 있음을 알 수 있다. 그렇게 소는 인간에게 염소, 돼지, 양 같은 동물과 함께 우리와 가깝게 생활했던 가축이다. 실제로 우리하고 공존 생활을 해왔다는 것이다. 한 집안 한 지붕아래 인간들은 이들 짐승과 함께 살았다. 필자가 동남아시아 지역의 소수민족 현지조사를 가보면 실제로 한 집안에서 인간과 동물이 함께 살아간다. 2층에서는 사람들이 살고 그 밑에는 돼지, 양, 소 등 가축이 살고 있다.

예를 들어 말에 관해 이야기해보자. 말은 몽골이라는 강력한 제국의 탄생에 기여했다. 사실 몽골 제국의 의의는 동양이 세계의 절반 이상을 지배했던 역사적 사실에 있다. 몽골의 징키스칸은 어떻게 세계 지배가 가능했을까? 그 이유 중 하나는 인간과 가깝게 있던 말의 역할이다. 말은 인간의 발 노릇 즉, 원거리 이동의 수단이 된 것이다. 이렇게 인간과 동물의 공존은 역사를 만들고 인류의 발전에 기여해 왔다. 위험사회를 지속가능한 사회로 가기 위해서 인간과 동물의 공존이 필요하다는 것으로 정리할 수 있다.

인간과 인간의 공존

인간과 인간의 공존은 "개인으로서 인간은 다른 인간과 공존해야 하는가"라는 질문과 연관된다. 그런데 이 답은 의외로 단순하다. 인간이 사회적 동물이기 때문에 타자와의 상호작용이 필연적이다. 타자와의 상호작용은 자기이해를 위한 관계적 성찰을 가능하게 하고, 자기와 타자가 속한 사회의 변화를 추동한다. 인간과 인간의 공존은 궁극적으로 어떤 사회의 지속가능성을 보장받기 위한 합의된 노력이다.

지속가능한 발전(Sustainable Development)이 가능하기 위

해서 가장 중요한 것은 교육이다. 그래서 지속가능발전교육(Education for Sustainable Development) 줄여서 ESD라고 하는데 아마 교육학 분야의 전공자들은 ESD가 어떤 개념을 갖느냐에 대해서 익히 알고 있을 것이라고 생각한다. 그런데 이 ESD는 교육을 사회문화적, 경제적, 환경적인 측면들을 유기적으로 연결하면서 생각해야 한다. 처음 ESD가 나타나게 된 것은 사실상 환경이 전 세계에 미치는 영향에 대해 여러 나라에서 협동하여 대비하는 교육적 솔루션으로 시작되었다. "경제도 꼭 필요한 만큼만 사용하고, 자원도 후세를 위해 보존하자"라는 측면이 대두되었다. 그런데 2000년대 후반에 들어서면서 환경적·경제적 측면 이외에, 사회문화적 측면이 강조되기 시작했다. 그 중에 초국적 이주에 따른 다문화사회가 시작되면서 문화다양성이 생활세계의 중요한 화두가 되었다. 다양성이 증폭되는 사회에서 지속가능한 사회를 구현하기 위해서 가장 먼저 해야 할 노력이 바로 다양성의 존중이라고 본다.

다양성 존중은 지속가능한 사회를 위해서 중요한 첫걸음이다. 또한 다양성 존중은 타자 이해를 넘어 자기 이해를 향하고, 인간성 회복을 위한 필수적인 과정이다. 이를 위해 우리는 추상적인 목표를 '공존'으로 삼고자 한다. 지속가능발전의 핵심적인 측면 중에 하나는 미래세대의 필요를 위해, 자원을 적당하게 개발하고, 자연을 훼손하지 않는 범위에서 발전시키자는 것이다. 이것은 앞서 이야기한 인간과 자연의 공존을 들 수 있다. 우리가 살고 있는 사회에서 필요를 모두 충족시키지 말고 미래 세대를 위해 보존하는 지혜도 요망된다. 이 맥락에서 다문화사회와 지속가능성의 연결은 우리가 가지고 있는 어떤 욕심들, 그것이 개인적 욕심이든 사회적 욕심이든 우리가 필요한 만큼만 취하는 데 있다. 다시 말해 우리가 가지고 있는 어떤 인간적 욕망들, 사회적 욕망들, 국가적인 욕망들을 절제해야 한다. 누구를 위해서 절제하는 것인가? 자기를 위해, 타자를 위해 미래를 위해서라고 본다. 결국 욕망의 절제가 공존하는 것이고, 서로 존재하기 위해서라는 것이다. 이것이 공존의 진정한 개념이다.

2
공존의 조건과 연습

자연과의 공존

동양의 사상에서 “만물은 모두 한 뿌리(萬物同根)”라는 개념이 있다. 이 말은 ‘우주에 존재하는 모든 것은 그 뿌리가 같다’는 뜻으로 이해된다. “천지는 나와 함께 살아 있고 만물도 나와 함께 하나가 된다”, “하늘과 땅은 나와 뿌리가 같고 만물은 나와 한 몸이다”라는 물아일체(物我一體)의 사상과 맥을 같이 한다.

이러한 관념은 생활세계에서도 나타난다. 까치감의 유래를 알고 있는가? 한국에서 가장 상서로운 새가 까치이다. 한겨울에 이 까치감을 남겨놓은 이유가 과연 무엇인가? 시골에 가게 되면 늦가을에 단풍과 낙엽이 다 떨어진 감나무에 빨간 감들이 걸려 있는 것을 볼 수 있다. 그 이유는 까치가 추운 겨울에 굶어 죽지 말라고 감을 몇 개 남겨놓는다. 필자는 이것이 우리 선조들이 가지고 있는 자연과 공존의 모습을 보여주는 하나의 좋은 예가 아닌가 라고 생각한다. 이렇게 우리 선조들은 지혜로운 민족이었다. 미천할 수 있는 까치에게도 존중의 마음을 다한 것, 즉 자연과 공존할 수 있는 방법을 자연으로부터 터득했고 또 실천했다고 볼 수 있다. 자연과 인간의 공존을 이루어왔기 때문에 자연의 일부로서의 인간과 인간 공존 자체가 그렇게 어렵지 않게 이루어지지 않았을까 라는 생각도 해볼 수 있다.

그런데 이런 질문들이 있다. 조선시대와 같은 예전 시대에는 계급이 존재하지 않았나? 물론 계급이 존재했다. 계급이 존재했다는 것과 공존은 다른 개념이다. 계급 내에서의 공존도 있을 수 있고 계급과 다른 계급 간에, 그러니까 상위 계급이 하위 계급을 배려하고 생각하는 것 자체도 그 시대의 질서로 보자면 공존이라고 볼 수 있다. 그 예가 탈춤이다. 지배 계층에 대해 노골적이고 통렬한 풍자를 담고 있는 이 탈춤은 놀이를 함으로써 평민들이 가진 양반에 대한 반감을 일정부분 해소시켜 주는 연희였다. 그럼으로써 궁극적으로 향촌 사회의 안정을 꾀하기 위함이었다고 한다.

공존의 개념을 '홍익인간(弘益人間)', '경천애인(敬天愛人)'이라는 데서 찾아보자. 우리 한국의 고대사회를 보면 단군신화에 대해서 나온다. 그것이 신화인가 또는 정말 역사인가에 대한 논의는 이 시간에 다룰 문제는 아니라고 생각한다. 고조선은 기원전 2333년경에 우리나라를 세운 시조국(始祖國)이라고 볼 수 있다. 건국신화에는 '홍익인간'과 '경천애인' 사상을 찾아 볼 수 있다. 홍익인간은 "널리 인간 세상을 이롭게 하라" 또는 "모든 사람이 어우러져 행복하게 하라"는 의미로 해석된다. 고조선의 건국 신화에 따르면, 천신인 환웅(桓雄)이 인간 세상에 내려와 단군을 낳고 나라를 세우며 "널리 인간을 이롭게 한다(弘益人間)"는 건국 이념을 제시했다고 한다. 이러한 내용은 고려 시대의 일연이 쓴 '삼국유사'와 이승휴의 '제왕운기'에서 확인할 수 있다. 또한 경천애인은 위로 하늘, 즉 우주 만물을 공경하는 것이다. 여기서 무엇을 보여주냐면 바로 자연과 인간의 공존성을 볼 수 있다. 아래로는 무엇인가. 인간들을 사랑한다는 뜻인데, 애인이라는 것은 자기가 아끼는 사람이다. 아낀다는 것이 무엇인가. 누구보다도 사랑하는 대상이다. 인간들을 사랑해야 한다는 것이다. 인간과 인간 간의 공존은 바로 '애인'에서 그 정신을 찾을 수가 있다. 이렇게 우리 선조들은 아주 슬기롭게도 경천과 애인에 대한 그 사상을 지금까지 늘 가지고 내려왔다고 본다.

경천애인과 서시

우리 한번 윤동주 시인의 <서시>를 생각해 보자. 늘 하늘에 부끄럽지 않게 살려고 노력한다는 경천애인과 같은 마음을 읽을 수 있다.

서시(序詩)

죽는 날까지 하늘을 우러러
한 점 부끄럼이 없기를,
잎새에 이는 바람에도
나는 괴로워했다.
별을 노래하는 마음으로
모든 죽어 가는 것을 사랑해야지

그리고 나한테 주어진
길을 걸어가야겠다.
오늘 밤에도 별이 바람에 스치운다.

시인 윤동주는 늘 하늘에 부끄럽지 않게 살려고 노력했다고 본다. 아마 영화 <동주>를 보았다면 우리는 윤동주 시인이 어떻게 하늘을 공경하듯 인간을 사랑하고 시를 사랑했는가를 확인할 수 있다. 영화 속에서는 당시 일제강점기라는 역사적 현실 속에서 항일의 정신을 읽을 수 있다. 조국의 독립을 위해 지식인으로서 시인으로서 어떤 고민을 했는가를 느낄 수 있다. 식민지 조선에서 정말 사람답게 사는 게 뭔가라는 부분에 대해서 끊임없이 고민하고 있다. 최근 윤석열 정부에서 친일의 기조를 보이는 뻔뻔함은 하늘을 우러르지 않고 인간도 사랑하지 않은 반경천애인 행태를 보인다.

하늘에 부끄럽지 않게 살려고 노력하는 인간의 모습은 과연 어떤 것일까? 하늘에 부끄럽지 않게 살려고 노력하는 것은 자연과 인간이 연계한 공존이라고 본다. 사람이 타자들에게 사랑하는 마음을 갖는 것은 인간과 인간 간의 공존의 기본이다. 앞의 윤동주의 <서시>에서 하늘, 별, 잎새, 바람 이런 것들은 다 자연적인 것이라고 생각한다. 시인은 인간이 자연 속에 살면서도 서로 간에 공존을 못 이루었을 때 나타난 괴로움을 극적으로 표현하고 있다.

인간과 인간의 공존을 확대하면 자신의 민족과 다른 민족들이 공존하는 것에 이르른다. 당시 우리 민족을 침탈하고 자신의 민족으로 동화시키려던 일제의 행위에 대한 지성인의 항거를 이 시에서 읽을 수 있다. 이 시에서 보여주는 시인의 마음은 인간과 인간의 공존이 깨졌을 때 발생하게 되는 한 인간의 괴로움이고, 그 괴로움을 자연을 통해 표현한 것이라고 본다.

다시 홍익인간의 이야기로 돌아가 보자. 홍익인간은 우리나라 교육의 최고 이념으로 삼고 있는 개념이다. 홍익인간은 한 인간이 어떤 인간에게 공존의 관계를 맺는 최고의 필로소피(philosophy)라고 판단한다. 홍익인간 철학은 우리나라의 교육과정에 반영되어 있다. 우리나라의 교육과정은 여러분이 초·중·고등학교 때 여러 교과목을 배우지만 그 교과목에 가장 토대가 되는 정신이라고 볼 수 있다. 2022 대한민국 교육과정 총론에 제시된 인간상 중 '더불어 사는 인간'은 홍익인간을 바탕으로 만들어졌다. 인간과 인간 사이의 공존, 인간과 자연 사이의 공존은 홍익인간과 경천애인 사상의 생활세계 지침이다.

공존의 조건

공존의 조건들 속에서 가장 중요한 것은 행위자이다. 공존에 있어서 가장 중심은 누구인가? 바로 여러분이다. 이 책을 읽고 있는 여러분이다. 여러분은 누구인가? 인간이다. 여러분은 공존의 주체로서의 인간이다. 그래서 공존의 가장 핵심은 인간 존재라는 것이다. 그래서 인간 본질에 대한 이해가 공존의 조건에서 매우 중요한 역할을 한다고 생각한다.

나는 누구인가. 아마 중학교 때 사회시간이나 도덕시간에 나는 누구인가에 대한 자아정체성에 대해 공부한 적이 있을 것이다. 중학교 1학년에 자아정체성이 사회 교과서에 등장하고 있다. 자아정체성은 지피지기(知彼知己)에서 지기에 해당하는 것으로 이해할 수 있다. 그런데 지피가 먼저이다. 순서로 봐서 자기를 아는 것은 남을 먼저 알아야 함을 의미한다. 이는 공존을 위한 첫 단계가 아닌가 라는 생각이 든다. 자기를 알아간다는 건 무엇인가. 나-자기는 인간이다. 그래서 "인간이 무엇인가"라는 질문은 공존의 조건을 이해하는 데 반드시 거쳐야 하는 과정이다.

이미 앞에서 인간과 자연의 공존에 대한 이야기를 했다. 그런데 인간은 자연에 속하는 일부이다. 신유물론적 사유에서는 인간 역시 자연의 한 물질로 간주된다. 어쨌든 인간은 자연의 일부분이다. 인간은 자연법칙에서 결코 자유롭지않다. 즉 자연의 법칙에 지배를 받는 것이다. 인간은 돌이라든가 나무라든가 이런 것과는 다른 생명 유기체이다. 돌이 생명을 끊거나 하지 않는다. "돌이 죽었다" 이런 이야기를 들어 본 적이 있는가. 돌은 돌로 계속 존재한다. 그런데 인간은 무엇인가. 태어나고 자라고 결국 죽음에 이르는 유한의 존재이다. 인간은 성장, 생성, 전환 등의 끊임없는 일련의 진화 과정을 거친다. 인간은 태어나서부터 죽을 때까지 관혼상제와 같은 의례과정을 거친다. 인간은 물질과 마찬가지로 분명히 자연법칙 하에 놓여 있다. 자연법칙은 뭐냐면 인간이 나이가 들고 연로하여 죽게 되면 다시 자연으로 돌아간다.

그런데 이와는 다른 입장 중 하나는 인간이 만물의 영장이라는 것이다. 인간은 살아가는 모든 것들을 다 자유자재로 조절할 수 있다는 얘기이다. 그래서 인간이 갖고 있는 의미는 본질적으로 지배자와 피지배자라는 개념상 양면성을 가지고 있다. 인간은 어떻게 보면 자연의 일부지만 더 나가서 문화의 일부분이기도 하다. 그러니까 우리가 자연과 문화를 인간과의 관계로 이야기를 하는데, 자연은 인간이 개입하지 않은 영역이라고 볼 수 있다. 인간이 들어가서 개발하고 변화시키고 하는 것을 우리는 문화라고 부른다. 그래서 독일에서 자연 나투아(Natur)와 문화를 쿨투아(Kultur)라고 칭한다. 영어에서는 이에 해당하는 네이처(nature)와 컬처(culture)라고 한다. 다시 말해 자연은 인간이 개발하지 않은 영역이고 문화는 인간이 개발한 영역이라고 볼 수 있다. 이렇게 보면 자연과 문화가 굉장히 극단적인 측면으로 이분 된다. 바로 인간은 자연과 문화에 각각 포함되거나 그 상관관계에 놓여 있게 된다. 우리가 간과하지 말아야 할 것은 바로 인간이 자연의 일부분이라는 측면이다. 즉 인간은 "인간이 개발하지 않는 것의 일부"라는 논리인데 그것은 인간 역시 자연법칙의 지배를 받는 그런 존재로 이해하면 된다.

인간은 배고픔과 갈증을 느낀다. 두려움과 흥분도 느낀다. 졸리면 자야 한다. 수많은 생리적 요구에 따른 결정은 인간이 자연적 측면에 속하고 있음을 보여준다. 그러면서 인간은 함께 살아가고 무언가를 창조하는 문화적 영역에도 위치한다. 그러다 보니까 자연과 문화의 공존체로서 인간의 역동성을 볼 수 있다. 자연과 인간에 대한 어떤 공존 사회에서 인간이 창조하고 향유하는 문화가 위치한다.

문화의 위치와 사회화

자연과 문화 사이에 인간이 있고, 그 인간은 공존하고 있는 인간의 역동성을 보여주고 있다. 예를 들어서 배고픔과 갈증은 자연적인 측면이다. 이는 인간의 개체 상에 나타나는 자연적 측면이지만 그것을 해결하는 방식, 예를 들어서 각 나라나 민족마다 배고픔과 갈증을 해결하는 방식은 다르다는 것이다. 어느 나라에서는 배고프면 컵라면을 바로 먹고, 어느 나라에서는 냉동 피자를 꺼내 전자레인지에 돌려서 따듯하게 먹는 방식이 있다. 이는 문화적 행동의 차이 즉 배고픔을 해결하는 방식의 차이이다. 그것은 바로 문화적인 차원이라는 것이다. 바로 자연적인 측면을 줄이면서 문화적 측면으로 나가기 위한 출발이 바로 교육이며 학습의 영역이다. 학습과 교육은 문화와 연결되어 있다. 그래서 우리가 문화를 거론할 때, 문화의 요소에 보면 '학습성'이라는 것이 있다. 이 특성은 그 학습의 본질은 자연적인 것을 없애면서 문화적 측면을 강화시키는 행위이다. 학습성은 인간적인 측면에 나아가는 것 중 하나다. 공존 자체에도 자연이 우리에게 갈등과 경쟁이 있더라도 협동적으로 평화롭게 살아가는 것이라는 책무들을 부여하고 있다고 본다. 인간의 고유한 책무들은 자연의 일부로서 자연의 법칙을 지배받고 있어서 자연을 파괴하거나 자연적인 영역을 침범하는 것을 금하고 있다. 다른 사람이 어떤 영역을 침범하는 것과 같은 공존을 깨트리면 안 된다는 것이다. 이러한 자연적인 요소들을 다시 하나의 문화적인 측면으로 바꿔나가는 것이 교육이다.

필자가 이야기하는 것도 공존을 이런 방식으로 같이 학습하고 배우고 실천하면 앞으로 미래 사회가 지속가능한 사회가 되지 않을까라는 입장에 따른 것이다. 자연적인 요소를 생각해 보자. 인간은 자연에 그냥 가만히 있으면서 공존을 성취한 것은 아니다. 우리가 독서를 하고, 공부를 하는 이유가 무엇인가? 개인의 이익을 위해서 살아가고 있는 사람이 있고, 사회에 봉사하며 또한 더 나아가 세계 평화를 위해서 기여하고자 하는 사람이 있을 거라고 본다. 개인의 목적을 위해 또는 사회변화를 위해 세계 평화를 위해 기여하는 모든 분들은 본질적으로 본인들이 가지고 있는 자연적인 측면을 감소해나가고 문화적 단계로 나가는 것이라고 볼 수 있다. 그것을 가능하게 하는 것이 바로 학습인데 거기에 주체로서의 인간이 존재하고 있다. 당신이 인간의 발달 단계를 보면 아동의 충동은 교육적 산물이 아니라 자연성에 속하는 자율적인 욕망이라고 본다.

사회 교과서에 등장하는 '늑대 아이'를 알지 않는가? 어떤 아이가 밀림에 버려졌고, 늑대들이 그 아이를 키우게 됐다. 그런데 그 아이가 인간의 교육을 받지 않았고 자연 속에 속했기 때문에 늑대 아이는 늑대의 야성을 갖게 된다. 늑대 무리에서 자랐기 때문에 인간 사회에 돌아와서도 그것을 발현시키는 것이다. 그래서 그 아이가 자연성을 감소시키면서 인간으로 사회화되는 자체가 어떤 학습적이고 교육적이라고 보지 않는가. 그 아이를 그냥 내버려 두면 인간이지만 자연에 속한 자율적인 욕망을 배출하는 동물 존재라는 것이다. 이 책의 독자들 역시 가정에서 1차 사회화를 경험했고, 학교에서 또래집단으로부터 자아정체성을 형성하면서 성장한다.

부모가 된다면 우리는 유년기 자녀 스스로는 대소변도 못 가린다는 것을 몸소 체험하게 될 것이다. 그럴 때 우리는 "아동스럽다.”라고 이야기를 한다. 그래서 영유아 시절에는 부모의 희생적인 돌봄이 필요한 것이다. 그리고 부모 역할을 우리의 부모를 통해 모방하게 된다. 다른 동물들과 비교해 볼 때, 영유아에게 보살핌은 굉장히 필요하다는 것을 우리 스스로 경험할 수 있는 기회가 있으리라고 생각한다. 예를 들어 냉장고에 대용량 아이스크림 박스 하나를 놓고 일주일간에 나눠서 먹으라고 얘기했을 때 아이들의 경우 참지 못하고 하루면 다 없애는 경우가 있을 것이다. 이것은 아이들이 본인을 통제할 수 있는 절제력, 이성적인 통제가 부족하기 때문이다. 그래서 아동들에게 자신을 통제하는 교육이 필요하다. 이것이 사회화의 작은 예이다. 이와 마찬가지로 공존하는 것 자체도 공존하는 연습, 공존의 교육이 필요하다는 의미로 이해하면 좋을 것 같다.

공존의 연습

아동의 발달 양상을 한번 생각해 보면 이것도 공존의 교육과 관련지어 볼 수 있다. 예를 들어 도덕적 자율성이 발달하는 것이라든가 다른 아이들하고 협동 활동을 하는 것, 법을 지키는 준법정신, 질서의식 발달, 의사결정이라든가 표현능력을 발달을 시키는 것들, 이런 것들이 다 우리사회에서 함께 공존하는 연습을 어렸을 때부터 경험하는 것이라고 생각한다.

지금까지 우리는 초·중·고등학교에서 이미 공존하는 연습을 받아온 셈이다. 그런데 실제로 주변 동료와 내가 공존을 실천하고 있는지 생각해 보라. 가끔 필자는 학교 식당에서 학생들이 혼자 밥을 먹는 모습, 소위 혼밥 모습을 본다. 필자는 인류학, 민족학을 전공한 연구자이기 때문에 인간의 행태에 대한 참여관찰을 즐기는 편이라 학생식당에 자주 간다. 학생들이 어떻게 식사를 하는지, 어떤 대화를 하는지, 어떤 고민을 하는지 이에 대한 관심이 많다. 요즘 혼밥하는 학생이 굉장히 많다. 왜 혼자서 밥을 먹을까? 친구가 없어서 그렇게 할까, 아니면 바빠서 그럴까? 본인의 성격인가? 이런 부분에 대한 관심을 굉장히 많이 갖고 있다. 나는 이런 부분들도 여러분이 공존하는 연습을 통해서 서로 소통하는 방법을 강구해 보면 혼밥을 줄일 수 있다고 생각한다. 친구와 대화도 없이 씹기에 열중하는 모습 혹은 스마트폰을 검색하며 혼밥하는 모습들은 일상적이 되어버렸다. 이는 아예 공존의 연습을 거부하는 것이다.

아동기와 청소년기를 거치면서 또래 간 상호작용, 탈중심화, 감정적 조망수용능력 발달, 즉 자신의 감정을 어떤 방식으로 조망하고 다른 감정을 수용하는 것, 대인관계 능력 또는 타인의 의견과 감정 공존을 경험한다. 이런 경험들은 사실상 아동기와 청소년기에 가정교육을 통해서, 학교교육을 통해서 적절한 사회화가 이루어져야 한다. 우리는 8가지 발달 양상들을 다 거쳤고 이를 성공적으로 경험했는지 자신 있게 말할 수 있는가. 정말 그 발달 단계에서 요구하고 있는 수준에 올라가 있는가? 과연 이 발달 수준에 나는 어디까지 다다랐는지? 나는 타인의 의견과 감정을 존중할 수 있는가? 나는 또래 간 상호작용을 할 수 있는지? 또 나의 도덕적 자율성이 얼마나 발달되었는가? 나의 준법정신은 어떠한가? 이미 여러분은 시민으로서 성장했어야 한다. 그런데 현실은 그렇지 않다.

이제 우리는 타자들과 공존할 수 있는 리더십과 같은 것을 배워야 한다고 생각한다. 그런데 많은 대학생은 어떻게 생각하는가? 좋은 직장을 어떤 방식으로 구할까? 다른 사람과의 경쟁에서 살아남으려면? 나는 어떻게 다른 사람을 이겨서 좋은 직장을 가야 될까라는 학점 경쟁에 치우치지 않나? 자유경제주의 체제를 채택한 우리나라에서 남과의 경쟁은 필수적이다. 그리고 그 경쟁은 공동의 이익을 위해서 해야 한다고 본다. 하지만 경쟁을 하면서도 서로 협력할 수 있는 것이 분명히 있다고 생각한다. 우리는 그것을 흔히 선의의 경쟁이라고도 한다.

우리가 공존의 주체인 인간이기 때문에 인류의 진화에 대해 한 번 정도는 리뷰할 필요가 있다. 인간이 문화적 측면을 지향하는 것은 다음 그림에서도 알 수 있듯이 인류의 진화단계에서 나타났다. 인류는 대략 오스트랄로피테쿠스부터 시작해서 호모하빌리

스, 호모에렉투스, 호모사피엔스에서 호모사피엔스사피엔스까지 5단계로 진화해 왔다. 여러분은 지금 어디 앉아 있는가? 컴퓨터 앞의 의자에 앉아서 검색하는 모습이다. 과연 여기부터 다음의 모습은 어떻게 표현될지를 생각해 보자. 지금은 이렇게 개인 PC를 보고 있으나 요즘에는 모바일을 많이 사용하기 때문에 다른 인류의 진화 모습을 기대할 수도 있지 않을까?

인간, 공존의 유기체

인류의 기원은, 특히 몇 가지 기원설이 있으나 핵심적인 것은 아프리카 기원설이다. 100만 년 전에 아프리카를 떠난 호모에렉투스가 40만 년 전에 거의 멸종하여 다른 인류의 기원이 탄생한 것으로 보인다. 최근 인정을 받는 학설은 다지역 기원설이다. 기존 집단에 포함되어서 지역 특성에 알맞은 인종으로 계속 유지되어 왔다고 주장하는 것이다. 여러 지역에서 나타나는 것이다. 또 다른 측면의 기원설은 창조론적 측면이다. 인간은 하나님의 훌륭한 창조물이다. 하나님이 만든 피조물이며, 자신의 형상대로 만들었다고 한다. 그러면 자신의 형상대로 만들었다면 굉장히 완벽해야 하지 않나? 나는 창조론이나 진화론이 똑같이 어떤 측면을 가져야 된다고 생각한다. 진화론은 동물적인 측면에서 계속 문화적인 측면으로 나아간다. 그런데 이 세상에서는 아직까지도 실제로 문화적인 측면에서 굉장히 발달해 온 고도의 과학세계가 있다. 그렇지만 예전에 원시인만큼 실제로 인류 초기에 진화되지 못한 사람들만큼의 사고를 하는 사람들이 이 지구상에 등장하고 있다는 사실이다. 뿐만 아니라 창조론 쪽으로 봤을 때도 우리 하나님의 피조물이나 하나님과 같은 완벽한 어떤 훌륭한 인격도 갖고 그래야 하는데도 불구하고 그렇지 못한 경우가 비일비재하게 존재한다는 것이다. 창조론을 우리가 선택한다면 중요한 것은 인간성 회복에 있는 것이고 여기서 인격적인 측면뿐 아니라 다른 사람과의 문제에서 공존의 측면이 여전히 중요하게 작동된다고 본다.

인간의 개체에서 나타나는 공존도 있다. 인간의 내적 공존이다. 이는 육신과 영과 혼이 서로 분리되어 있지 않다는 것이다. 우리가 어머니 뱃속에서부터 탄생을 하는 순간 육신을 가지고 태어나는데 이때 영과 혼도 같이 합일 상태에 있다는 것이다. 우리 몸속에 영과 혼이 들어와 있다. 우리는 죽으면서 육신과 영과 혼은 분리가 된다. 육신이 땅으로 들어가고 영과 혼은 종교에 따라서 각각 다르다. 그렇지만 중요한 것은 인간이 한 개체 속에서 영과 육체의 동일체라는 사실이다. 완벽한 공존인 셈이다. 인간은 이 몸을 가지고 있을 때 이 세상에서 살아가는 몸체와 영혼이 같이 걸어 다닐 수 있는 공존체라는 것이다.

인간은 한 개체 속에 육체, 영혼 그리고 정신으로 이루어진 존재, 즉 조화로운 존재인 것이다. 공존의 인문학 측면에서 봤을 때는 '나는 공존의 유기체다'라고 볼 수 있다. 내 몸속에 이미 영·육·혼이 공존하고 있다고 생각해 보자. 당신은 공존을 생각할 때 앞에서 여러 가지 이야기를 하였지만, 진화론을 믿는 것 또는 창조론을 믿는 것을 통해서 종교적 차원뿐만 아니라 공존을 생각하는 차원을 구별해 볼 수 있다. 진화론을 생각했을 때 공존은 과연 어떠한가? 창조론 쪽을 생각했을 때 공존은 과연 어떠한가? 한 번 생각해 볼 수 있는 시간을 가질 필요가 있다고 본다. 당신에게 이번 시간에 내가 강조한 것은 우리가 이미 몸속에 영과 혼, 육신을 함께 가지고 있는 공존의 유기체라는 사실이다. 유기체로서 다른 사람과 어떠한 방식으로 공존을 실천하는 것은 인간이 지닌 하나의 인간으로서의 책무가 아닐까?

3

개인과 사회의 만남

사회화의 의미

인간과 인간관계에서 인간이 다른 인간과 관계를 맺는 맥락에서 개체로서의 인간, 즉 개인과 이 개인들이 모여 집단을 이루는 사회는 어떤 모습일까? 이번 장에서 필자는 이 질문의 답을 할 것이다. 개인과 사회에서 나타나는 몇 가지 개념들과 아울러 인간과 인간 사이에 공존하기 위해서 알아야 될 요소를 살펴보도록 하자.

먼저 어떤 사회의 구성원으로 성장하는 것을 사회화라고 한다. 사회화의 출발점인 가정이라는 것이다. 그래서 가정이 1차 사회화기관의 역할을 한다. 가정 속에서 여러 가지를 배우게 된다. 어떤 아이가 성장하면서 부모 역할도 배우고 형제자매 역할도 배운다. 우리가 앞으로의 사회 속에서 다른 사람과 소통하는 방법들 즉 공존을 배우는 가장 작은 단위는 바로 가정이다. 그래서 가정이 매우 중요한 역할을 한다.

이런 실험을 해보자. 집에서 조카들이 있으면, 6세 미만의 조카에 대해 사회화 실험을 한번 해볼 수 있다. 패밀리용 아이스크림을 한 통 사 가지고 하루에 한 번씩만 먹게끔 약속을 해보자. 어린 조카와 약속하는 것이다. 7일간에 나눠서 먹어야 했는데 실제로 하루도 안 되어서 없어진다. 아이들 같은 경우에는 아이들이 먹고 싶은 욕망을 절제하기 힘들다. 물론 어른 중에서도 본인의 욕망들을 절제하지 못하는 경우가 상당히 많다. 욕구와 욕망들을 적절하게 통제하는 것이 상당히 사회화에 가지는 의미가 크다. 사회화란 인간이 한 개인의 인간이 어떤 사회 속에서 살아가기 위해서 요구하는 행동양식과 규범을 지켜가는 과정을 사회화라고 볼 수 있다. 인간과 동물의 경계가 사회화의 경험 유무이다. 동물 중 지능이 아무리 높더라도 사회화라는 표현으로 그들의 집단생활을 표현하지 않는다. 사회화란 인간에게만 통용되는 개념이다. 아이들은 어른들의 모습을 보면서 적절한 사회적 역할들을 배워나간다.

사회화는 재사회화의 개념도 포함하고 있다. 재사회화 개념은 문화향상이라든가 사회 속에서 여러 가지 사회변동이라는 것이 있다. 그 사회 속에 새로운 도구를 개발하거나 제도가 급격하게 들어올 경우에 기존의 가치관과 사고방식으로 적응하기 어려운 행동양식과 규범들을 다시 배워나가는 것을 재사회화라고 한다. 예를 들어, 인터넷이 들어 와 우리사회의 변화를 여러 측면에서 가져오지 않았는가. 소통하는 방식의 다양성이 있기 때문에, 세대끼리 소통할 때 어떤 장애를 많이 겪을 것이다. 그런 얘기를 하더라. 내가 아는 어떤 집의 이야기이다. 그 집에 고등학생 자녀가 학교에서 귀가하면 방에 들어가 잘 안 나온다고 한다. 식사할 때나 한 번 보는 건데, 그 때도 가족들과 함께 있는 것을 꺼려한다고 한다. "나와서 식사해라." 불러도 잘 안 나와서 요즘은 카카오톡으로 간식 먹으러 나오라고 얘기를 하면 바로 나온다고 한다. 그

만큼 우리의 소통 방식은 감정이 실린 구두언어보다도 기계가 매개하는 대화에 관심을 기울인다.

이런 변화하는 사회적 패러다임에 부응하기 위해서 새로운 가치와 규범을 배우는 것을 재사회화라고 한다. 이미 어떤 사회적 가치와 규범을 배웠음에도 불구하고, 새로운 가치와 규범을 배운 것 역시 재사회화이다. 구체적인 예를 들어보면, 재소자들의 경우는 오랫동안 수감생활을 하면 사회에 복귀하는 데 상당히 어려움이 있다. 사회에 적응하기 위해서는 사회 적응 훈련을 하는데, 이를 재사회화라고 얘기하고 있다. 사화화의 유형 중 탈사회화도 있는 데, 이는 군대생활을 예로 들어볼 수 있다. 새로운 환경을 접하거나 새로운 문화에 적응해야 하는 경우, 기존에 사회화된 요소 중에 현재 사회 적응하는데 불필요한 부분을 버리는 사회화 과정을 탈사회화라고 한다. 사실 군대생활이라는 것은 형식에 얽매이고 교육이 엄격하게 정해진 집단이다. 계급이 존재하기 때문에 계급에 따라 걸맞은 행동이 제한된다. 또한 여러 부분에 상당한 통제가 있기 때문에 사회에서 자유롭게 해왔던 생각이나 습관들을 군대에서는 더 이상 하지 못한다. 군대는 획일적이어서 사회에서의 다양한 생각들이나 행동의 유연함이 이 군대 조직에서는 허용되기 어렵다. 군에 입대하면 우리는 군대문화나 규범에 맞춰서 군대생활을 할 수 밖에 없다. 사회에서 밤 12시에 잠자고 아침 11시에 일어나서 아점을 먹더라도, 군대에서는 이렇게 생활하기는 어렵다. 이렇듯 군대생활을 위해 사회 속에서 불필요한 부분을 분리하는 것을 탈사회화라고 할 수 있다.

사회화 수행의 모습

어떤 방법으로 사회화를 수행하고 유지하느냐는 사회화 과정에서 중요하다. 첫째, 모방에 의한 학습을 말할 수 있다. 모방에 의한 학습이라는 것은 아동의 사회와 가족에서 많이 나타난다. 접촉에 의해서 습관이 형성되고 타인의 행동을 모방하는 것이다. 엄마의 모습, 아빠의 모습을 모방하는 것이다. 우리가 가정교육이 중요하다는 의미가 사회화 쪽에서 봤을 때는 모방에 의한 학습이라는 것으로 보면 좋을 것 같다. 이제 대학생들이 좋은 배우자와 만나 결혼하게 되면 아이를 낳게 된다. 그러다 보면 여러분들이 소풍을 가게 될 경우도 생긴다. 그 때 아무 생각이 없이 쓰레기를 방치하는 모습을 아이가 보면 이러한 행동을 모방한다는 것이다. 이를 모방에 의한 학습이라는 볼 수 있다. 아버지 역할과 어머니 역할을 가정 내에서 학습하는 것이다. 부모님의 행동을 모방하거나 교사나 다른 학생들의 행동을 학습하는 것을 모방에 대한 학습이라고 한다.

둘째, 모델에 의한 학습은 모방할 상대와 자신을 동일하다는 관점에서 일어나는 학습 방법이다. 본인이 어떤 모델을 선정하는 것이다. 연예인이나 운동선수와 같은 경우 인기스타를 예로 들 수 있다. 이런 부분은 우리가 모델에 의한 학습이라고 나타나는 특징 중 하나는 특별히 존경하거나 따르는 인물을 통해 학습이 일어나는 경우이다. 즉 아동이 아버지의 행동을 그대로 따라하는 예시도 있다.

셋째, 역할에 의한 학습이 있다. 이 역할은 다음에 접하게 될 사회적 역할과 지위에서 다룬다. 역할은 주어진 지위에 따라 능동적으로 계획하고 책임을 지며, 그 지위에 요구된 행동을 자율적으로 수행하는 사회화의 과정이 역할에 의한 학습이다.

넷째, 자아 형성에 의한 방법이다. 이 자아 형성에 의한 방법은 고차원적인 사회화 과정이라고 볼 수 있다. 개인과 사회화 과정에서 외부의 규범이나 기준을 점차 자신의 내부적 행동규범을 바꿔 가는 방법이라고 볼 수 있다. 그래서 사회적 문화적으로 교정된 행동규범을 자기 행동규범으로 바꿔 자율적으로 수용하고 발달시키는 과정을 의미한다. 이런 자의식을 발달로 신장하는 것을 정체성이라고 얘기하고 있다.

우리는 어느 정도 청소년기를 지나왔기 때문에 자아 형성에 의한 방법을 위해서 사회화를 수행했다고 볼 수 있다. 자아 정체성은 청소년기에 민감하게 이루어지는 것 중에 하나다. 청소년기에 보면 나는 누구인가 나는 어떻게 살 것인가, 이런 고민을 상당히 많이 하게 되지 않는가? 이를 통해서 스스로 자신의 부족한 부분을 채워나가고 다른 성공한 사람에 대한 삶을 보면서 자신이 어떻게 세계에 기여할 것인가, 어떻게 살 것인가에 대해서 고민하는 것이다. 이를 자아 형성에 의한 방법이라고 볼 수 있다. 우리가 지금까지 자신의 모습을 생각하면서, 자신의 행동 양식과 규범, 가치 등에 영향을 미친 사회화 방법에는 어떠한 것이 있었는지 서로 이야기해보는 시간이다. 친구들과 얘기해도 좋지만, 자신이 어떤 사회화 방법을 거쳤는지를 생각해 보는 것도 좋을 것 같다. 물론 사회화에 대한 이론적 시각이 있다. 실제로 여러분들이 어떤 사회화 방법을 거치는가라고 얘기했을 때 이야기식으로 얘기하는 것이다. 친구에게 "나는 이러한 경험이 있어"라고 자신의 경험을 이야기해보는 것이다. 필자가 이 책에서 강조하는 것이 타자와의 대화이다. 늘 대화의 출발은 이야기이기 때문이다.

사회화를 바라보는 관점

우리가 대학을 졸업하게 되면 흔히 '지식인'이라는 단어를 많이 쓴다. '학부'를 나왔다라는 의미는 우리가 사회적으로 책임을 감당할 수 있는 지식을 지닌 사람이기 때문이다. 우리는 최고 교육기관인 대학을 나와 높은 수준의 지식적 사회화를 경험했다. 그래서 본인의 사회화 경험이 그냥 이야깃거리가 아니라 어떤 시각을 가지고 이야기를 해야 한다고 생각한다. 그래야 지식인다운 책무를 수행하는 것이다. 사회학적으로 사회화는 거시적 관점과 미시적 관점을 나눠서 볼 수 있다. 이를테면, 시각장애인들이 코끼리를 만지고 있다고 가정해 보자. 이분들은 시각장애인들인데, 코끼리를 인식한 시각은 각 부분이 다 다르다. 어떤 사람이 코끼리를 만지면서 "딱딱해"라고 말하기도 하고, 어떤 사람이 "오, 털이 달려 있네"라고 하기도 하며, 또 어떤 사람은 "오 굉장히 통통하네"라고 말할 것이다. 요즘 우리가 어떤 관점으로 현상을 바라보느냐에 따라 생각이 달라질 수 있음을 뜻한다. 우리 이제 이 사회화를 거시적 관점과 미시적 관점으로 나눠 볼 수 있다. 거시적 관점은 기능론과 갈등론으로 나뉘고, 미시적인 관점은 상징적 상호작용론이 있다.

기능론에서 사회화는 사회의 안정과 질서 유지 그리고 통합을 위해서 반드시 필요하다는 이야기를 한다. 또는 개인의 지위 및 환경 변화로 인해 균형이 깨지면 재사회화를 통해 적응시킴으로써 사회의 안정성과 지속성을 유지하도록 보는 관점이 기능론적 관점이다. 많은 학자는 사회화가 사회 체제를 유지한다는 점에서 이 기능론적 관점을 많이 채택하고 있다. 그렇지만 이 기능론과는 다른 갈등론 관점에서는 이렇게 보고 있다. 사회화는 기득권층의 이익이나 의사를 대변하는 중요한 도구로 간주된다. 즉, 지배층이 자신들의 지배를 정당화하기 위해 특권층의 가치관이나 규범을 보편적이고 일반적인 것으로 정의하고, 이를 통해 자신들이 원하는 사회를 구축하려는 수단에 불과하다는 것이다. 기능론과 갈등론적 관점에서 보는 사회화의 가장 확실한 사례는 바로 학교를 바라보는 관점의 차이에서이다. 학교를 기능론 관점으로 바라보느냐, 갈등론 관점에서 바라보느냐에 따라 달라진다. 갈등론 관점에서 보면 이 학교는 반드시 사회체제를 유지하기 위해서 필요한 것들을 습득하는 것인 반면, 기능론 관점을 바라볼 때 학교는 기득권층의 체제를 유지하기 위해서 학교라는 수단을 이용한다. 이렇게 관점에 따라서 사회화는 다르다는 것이다.

미시적 관점에서는 상징적 상호작용론이 있다. 상징적 상호작용론은 미시적인 관점이라고 한다. 사회화는 상징적 상호작용을 통한 신체적, 정신적 성숙의 과정이라고 얘기하고 있고 개인들 간의 의사소통 수단으로 몸짓이나 언어와 같은 상징을 중요시하게 생각한다. 개인의 어떤 태도나 가치를 굉장히 중요시하는 관점이라고 볼 수 있다.

사회화 과정이 이루어지는 곳을 우리가 사회화 기관이라고 얘기를 하고 있다. 1차 사회화 기관, 예를 들어 가정의 경우에서 사회화가 일어날 수 있는 매우 중요한 곳이라 볼 수 있다. 2차 사회화 기관은 여러분들이 지금 다니고 있는 학교, 직장, 그리고 대중매체다. 대중매체가 포함되는 이유 중 하나는 미디어가 사회화를 촉진시키는 매우 중요한 역할을 하기 때문이다. 사회화 기관은 공식적 기관과 비공식적 기관으로 나눠서 2가지로 볼 수 있다. 공식적 기관에는 유치원, 학교, 직업 훈련소 등처럼 형식이 있다는 것이다. 비공식적 사회화 기관은 또래집단, 회사, 가족, 대중매체 등 공식적으로 이루어지지 않은 나머지를 우리는 비공식적 사회화 기관이라고 얘기하고 있다.

사회적 지위와 역할

사회적 지위와 역할은 여러분들이 이미 본인의 주변을 통해 알고 있다. 여러분들은 학생 지위를 갖고 있다. 옆에 친구를 한번 바라보아라. 친구를 바라보면 친구도 있고 선배도 있고, 아마 모르는 관계에 있는 사람도 있을 것 같다. 이 지위라는 것은 어떤 집단이나 사회적 관계 속에 사회화 기관의 1차 사회화 기관은 가정이다. 이 가정 내에서 어떤 관계들이 형성되는 것이다. 부모관계, 부모와 자식관계가 형성되는 것이다. 이렇게 지위는 집단과 사회적 관계에 있는 위치다.

필자는 사회적 지위에 대해서 두 가지를 얘기한다. 바로 귀속 지위와 성취 지위이다. 귀속 지위라는 영국 여왕처럼 그 집이 대대로 내려와서 자신의 지위가 주어지는 것이다. 그리고 성취 지위는 본인이 얼마나 노력함에 따라서 얻게 되는 지위를 얘기한다. 이 성취 지위는 여러분들이 학생이라서 열심히 해서 학생이 되는 것이다.

그런데 여기서 굉장히 흥미로운 것이 있다. 이 사회화를 좀 더 큰 단위의 사회집단과 연결해 얘기하자면 국가라든가 정치제도라든가 이런 체제에 매우 중요하는 역할을 차지한다. 우리는 민주주의를 적극적으로 표방하는 나라에 살고 있다. 귀속 지위와 성취 지위 중 민주주의에서 어떤 것이 더욱 크게 작동되어야 할까? 우리는 지금 민주주의 사회에 살고 있다. 민주주의 사회에서는 귀속 지위보다 성취 지위가 우선되어야 하며 성취 지위를 지향해야 한다. 예를 들어 민주주의 사회에서 귀속 지위를 얘기했을 때 귀속 지위는 상당히 제한된 귀속주의를 얘기하는 것이다. 오히려 성취 지위를 지향해야 민주주의 사회라고 볼 수 있다.

지위에 대해 기대되는 행동방식이 있다. 그래서 우리는 그것을 흔히 역할이라고 얘기한다. 여러분들이 학생으로서의 역할은 뭘까? 여러분들은 성취 지위로서 학생이 됐다. 그러면 학생은 학생의 지위에 대해 기대되는 행동방식이 있다. 뭐가 있을까? 생각해보자. 일단 학교에서 열심히 공부해야 되고, 학교의 규칙을 지켜야 된다. 그것이 학생이란 지위에 기대되는 행동방식이다. 그래서 역할이라는 것은 지위에 대해 기대되는 행동방식이다. 어떤 지위를 갖게 되면 그 사람에게 기대되는 행동방식이 역할이라고 한다. 역할을 수행하는 과정에서 개인이 처한 환경이나 수행하려는 의지와 노력의 차이로 인해, 동일한 역할일지라도 각 개인의 역할 행동은 서로 다르게 나타날 수 있다.

학생들은 대부분 열심히 공부하지만 좀 더 열심히 하는 사람이 있다. 열심히 공부하는 사람이 상을 받는다. 그것은 보상이 된다. 그래서 이 역할은 본인에게 부여된 지위에 대해서 기대되는 행동방식으로 정의하면 된다. 또한, 지위 불일치가 있다. 어떤 지위가 있는데 이 지위가 서로 일치하지 않는 상태를 지위 불일치라고 한다. 지위에 따라서 많은 사회적 보상의 수준이 서로 일치하지 않게 되었다. 학생이면 학생과 같은 역할을 해야 되는 데 이러한 역할이 안 되는 경우도 문제가 생긴다. 예를 들어 가난하지만 사람들에게 존경받는 학자나 성직자, 많은 이윤을 창출하지만 비도덕적 기업 운영으로 비판받는 기업가께서는 다른 어떤 역할들을 또 다른 지위를 갖게 된다는 것이다. 이런 부분들이 바로 지위에 따른 많은 사회적 보상의 수준이 서로 일치하지 않은 상태를 나타내고 있음을 알 수 있다.

지위 조합과 역할 조합도 생각해 볼 수 있다. 지위 조합이라는 것은 한 개인이 지니는 여러 개의 지위를 묶어놓는 것이다. 우리 스스로 자신의 지위를 한번 써 보자. 내가 가지고 있는 지위가 어떤 것일까? 그런데 이 지위 조합을 한 가지 지위를 떼서 역할을 한번 볼 수 있다. 나는 내 가족의 자녀라면, 자녀라면 자녀로서 가져야 할 역할들이 있다. 이렇게 묶어놓은 것이 역할 조합이라는 것이다. 지위 조합과 역할 조합들이 잘 정의될 필요가 있다. 그런데 지위 조합과 역할 조합과 아울러 여러분이 알아야 될 것은 역할 갈등과 역할 긴장이다. 사실 이번 시간에는 상당히 새로운 개념들이 등장하는데 어렵게 생각하지 말고 나를 중심으로 내가 가지고 있는 지위, 내가 해야 하는 역할, 그다음에 나의 지위와 달라지는 어떤 지위, 자신이 갖게 될 역할 갈등과 역할 긴장이 어떤 것인가에 대해 개념적으로 정리하고 실제 생활에 대입하여 정리할 필요가 있다.

역할 갈등과 역할 긴장에 대해서는, 예를 들어 병원에서 아이를 둔 어떤 여성이 의사라는 직업을 가지고 있다. 아이가 유치원에서 어떤 문제가 있어 병원으로 연락이 왔다. 그런데 이 의사는 본인만이 처치할 수 있는 급한 환자도 발생했다. 이 경우 이 여성은 어디로 가야할까? 한 역할을 가지고 어머니로서의 역할을 해야 하는지 의사의 역할을 해야 하는지 매우 난감한 기로에 서 있다. 여러분들도 이렇게 애매하지만 중요한 결정이나 선택의 순간을 직면한 경험이 있을 것이다.

이 사례에서 보여준 역할 갈등을 해결하기 위해서 역할에 대해 우선순위를 정하여 수행하거나 그중에 어느 역할을 선택하여 수행해야 한다. 역할 갈등은 비단 이 사례뿐만 아니라 미래 여러분들에게 닥쳐올 가능성이 큰 상황이다. 최근 들어 우리사회는 여성의 고용률이 높아지고 취업률도 높아지면서 여성들이 가정에 있는 시간보다 직장에 있는 시간이 많아졌다. 흔히 여성을 가정주부라는 생각이 고정관념화되었었는데, 이제는 여성을 다른 측면에서 봐야 되는 것이다. 즉 여성이 사회적 존재로서 주체적 사회생활을 하고 사회적 역할을 부여받게 되는데 그 역할을 이제는 배우자인 남편과 공유하는 것이다. 여러분들이 훗날 가정을 갖게 된다면 배우자하고 어떻게 가정을 위해서 공존할 것에 대해 생각해 보아야 한다. 그래서 내가 이 수업을 통해 공존과 지위 역할을 연결시키고자 하는 것이다. 이 공존이라는 개념이 지금 여러분처럼 공부하는 학생 역할이나 지위하고 분리될 문제가 아니라 연결될 문제이다. 특히 이 역할 갈등은 공존을 깨트릴 수 있는 굉장히 중요하기 때문에 공존하기 위해서 역할 갈등을 어떤 방식으로 해결할까 고민해야 한다. 이런 부분들을 여러분들이 나름대로 잘 정리하면 좋을 것 같다.

사회적 상호작용과 공존

우리들의 표정을 생각해 보자. 우는 모습, 웃는 모습, 생각하는 모습 등 여러 가지 표정이 떠오를 것이다. 이런 표현들이 어떤 감정을 표현하고 있는가. 사회적 상호작용은 태도나 감정이나 비언어적인 표현이 다 같이 나올 수 있다. 물론 이런 표정들이 우리가 공부하려는 사회적 상호작용과 어떤 관계가 있을까라는 질문이 나올 수 있다. 그런데 이런 표정들은 소통 관계에 있는 참여자들이 교환, 협동, 경쟁, 갈등과 같은 사회적 상호작용을 하는 과정에서 일어나는 신체적 변화이거나 정서적 변화의 육체적 움직임이라고 볼 수 있다.

교환, 협동, 경쟁, 갈등은 아주 일상적인 생활 영역에서 나타날 수 있으며, 우리가 사회생활을 하면서 부딪치는 주체와 타자관계 속에서 일어나는 사건들이라고 볼 수 있다. 무엇을 교환하는 것, 눈빛을 교환하는 것, 언어를 교환하는 것, 편지를 교환하는 것, 여러분들이 누구랑 커피를 같이 마시는 것까지도 우리는 모두 교환적 상호작용으로 볼 수 있다. 협동은 얘기를 안 해도 여러분들이 사례를 알 수 있다.

경쟁은 무엇인가? 서로와 서로의 목적을 위해서 공부하는 것이다. 여러분들이 경우에는 대학생활에서 같은 과 학생들, 또 같은 동아리 내에서 서로 협동하지만 나름대로 왜 자신의 꿈을 위해서, 자기 성적을 잘 받기 위해서 경쟁을 할 수 있다는 것이다. 갈등은 서로가 의견을 충돌하는 것이다. 우리가 매일 매일 접하는 다양한 사회문화 현상은 사회 구성원의 사회적 상호작용(social interaction)을 기반으로 형성되고 표출된다.

첫째, 교환이다. 구체적으로 보면 노동 행위에 대한 보수 지급이 일상에서 해당되는 경우다. 시장에서 물건을 구매하는 것 또한 아주 대표적인 교환이고, 시장은 교환할 수 있는 장소라고 볼 수 있다. 그래서 학교도 학생들이 수업료를 내고 교수들은 그에 합당한 강의를 제공하는 것이다. 사실 휴강하는 것은 교환적인 측면에서 보면 학생들이 손해를 보는 것이다. 인간이 이루고 있는 모든 사회 속에서의 교환은 다 설명할 수 있는 가능성을 가지고 있다.

둘째, 협동이다. 협동 같은 경우는 같은 팀에서 우리가 다른 팀과 경쟁하고 같은 팀에서 협동이라고 얘기한다. 협동을 많이 보여준 것 중 하나가 스포츠 경기에서 팀 내 구성원 간의 상호작용 등을 협동이라고 보고 있다. 수업 중에서 만든 팀이 있다. 팀플로 수업을 할 때 과제를 같이 작성하는 것들이 바로 협동관계로 볼 수 있다. 다음은 경쟁이다. 경쟁은 스포츠 때 다른 팀이 있고 입시나 취직 시험 중에 여러분들이 대표적인 경쟁은 수능과 같은 것 국가 수준의 시험이 있다. 수능시험에서 여러분들이 점수를 받고 대학교에 진학할 때, 좋은 점수를 받아야 좋은 대학교에 간다. 우리 이를 흔히 경쟁이라고 얘기하고 있다. 선의의 경쟁이라고 얘기할 수 있다. 선의의 경쟁이라는 것은 서로 피해주지 않고 경쟁하는 것을 말한다.

셋째, 갈등이다. 여기서 노사갈등이 대표적 사례다. 또한 국가 간에서 어떤 이익들이, 이해관계가 충돌해서 전쟁을 야기하는 것도 갈등이라고 볼 수 있겠다. 사실상 이 갈등은 우리의 지속가능한 미래를 열어 나가는 데 걸림돌이 될 수 있지만, 특히 공존을 전제로 해야 하는 중요한 윤리다. 이 사회적 상호작용의 갈등은 어떤 사회나 갈등이 존재한다. 그러나 갈등이 어떻게 건설적으로 마무리되고 소멸되느냐에 따라 그 사회의 발전을 가져오느냐 안 가져오느냐가 달려 있다. 여러분이 나중에 결혼하게 되어서 배우자를 만나게 되면 앞서 말한 것처럼 배우자의 사랑이 교환되고 서로 일을 함께하는 협동의 상호관계가 파생된다.

또한 부부관계에서 나름대로 어떤 경쟁이 존재한다. 그런데 이 경쟁이 자기 부모님들께만 용돈 주는 경쟁이면 안 된다. 그런 경쟁으로 가면 안 되고 서로가 잘되기 위한 어떤 경쟁들이 일어나야 한다. 더 나아가 부부간의 갈등이 당연히 존재할 수밖에 없다. 그래서 그 갈등을 어떻게 해결하느냐에 따라서 좋은 부부관계를 유지하는 것이다. 가정 속에서의 부부의 공존이 되는 것이다.

자기가 속한 사회 속에서 공존을 추구하기 위해서 우리는 갈등을 어떻게 정의해야 하는지, 이는 매우 중요한 일이라고 생각한다. 그런데 사회적 상호작용의 유형은 몇 가지 특성으로 살펴볼 수 있다. 팀 내에서는 협동해야 되고 팀 간에는 경쟁할 수밖에 없다. 우리가 학급 내에서 봤을 때, 팀에서는 당연히 서로 팀원끼리 협동해야 된다. 그리고 다른 팀과 경쟁해야 된다. 그래서 사회적 상호작용의 유형은 사회적 집단에 상대방과의 관계에 따라 하나의 행위도 여러 유형으로 구분 가능하다.

시간과 공간에서의 상호작용도 있다. 사진에서 집배원이 편지를 배달하는 것이다. 지금 이 복장의 집배원을 거의 보기 어렵다. 이제 택배로 많이 바뀌었다. 요즘은 손글씨로 쓴 편지로 사정을 전달하는 사람이 거의 없다. 인터넷을 통해서 전자 메일로 소통하는 방식으로 시작하는 것이다. 이는 인간과 공간에 따라서 소통하는 방식들이 달라진다는 것이다.

상호작용의 유형은 교환방식에 따라 구분할 수 있다. 자신이 소식을 전달하는 방식은 남을 매개로 교환하는지, 아니면 직접 인터넷을 통해 전달하는지에 따라 달라진다. 시간과 공간에서의 상호작용이 우리사회와 문화현상 속에서 정의할 필요가 있을 것이란 생각을 한다. 편지는 전자 우편과 메신저 등으로 교체되고 있다. 인터넷의 발달로 인한 간접적인 상호작용의 증가는 장단점으로 분명히 나타난다. 공존의 측면에서 봤을 때 이런 점들을 잘 살펴봐야 하지 않을까 생각해 본다.

4

사회의 다양한 얼굴

사회는 어떻게 존재할까

리처드 바크의 소설 <갈매기의 꿈>은 많은 이들이 접한 작품일 것이다. 이 소설에서 조나단이 무리에서 쫓겨난 이유에 대해 한 번 생각해 보자. 그는 어떤 이유로 배척당했을까? 흔히 모든 사람이 "예"라고 말할 때 "아니요"라고 말하는 사람을 용기 있는 사람으로 평가한다. 하지만 이러한 용기가 사회에 따라 다르게 평가될 수 있음을 주목해야 한다. 어떤 사회에서는 이러한 태도가 용감하다고 칭송받을 수 있지만, 또 다른 사회에서는 왕따로 전락할 수도 있다. 이는 사회집단과 사회구조가 특정 개인의 행동과 태도를 판단하는 데 얼마나 중요한 역할을 하는지를 보여준다. 이를 통해 개인과 사회의 관계를 다양한 관점에서 이해할 수 있다.

사회에 대한 관점은 크게 두 가지 이론적 입장으로 나뉜다. 어떤 경험은 사회보다 개인의 경험을 중요시한다. 사회는 단지 명목적으로 존재한다는 것이다. 개인만이 참다운 실재이며, 사회는 단지 개인의 총합이라고 보는 관점이다. 한국 사람이 있기 때문에 한국사회가 있게 된다는 맥락이다. 이것이 바로 사회명목론이다. 즉, 사회보다 개별 인간인 개인을 중시하는 입장이다. 이와 반대로, 개인보다 사회를 중시하는 관점이 있다. 사회는 실존하는 하나의 생명체이고, 사회가 유기체 역할을 한다고 보는 관점이다. 개인의 합을 뛰어넘어, 사회라는 것이 존재한다고 본다. '개인은 사회적 존재'라는 이러한 관점이 사회의 독립적인 실체를 인정하는 사회실재론이다.

위에서 언급한 두 가지 입장은 사회 속에서 개인의 위치를 설정하는 데 매우 중요한 역할을 한다. 어떤 사회가 개인을 중시하느냐, 아니면 개인보다 사회적인 요소를 더 중시하느냐에 따라 개인과 사회의 상호연관성을 따져볼 수 있다. 이러한 관점은 사회학적 용어로 사회명목론과 사회실재론으로 구분된다. 중요한 것은 개인과 사회가 서로 독립적으로 존재하는 것이 아니라, 상호 간에 영향을 주고받는다는 점이다. 이로 인해 개인과 사회는 서로 분리된 상태로 존재하기보다는, 끊임없이 상호작용하며 영향을 주고받는 관계를 유지한다.

사회구조와 사회적 관계

사회구조는 사회적 관계와 밀접한 연관성을 가진다. 사회적 관계란 개인들 간의 상호작용이 지속해서 일어날 때 형성되는 일정한 틀을 의미한다. 우리는 인간관계에 대해, 나와 어떤 사람이 지속적인 관계를 맺으면서 친구가 될 수 있고, 본질적으로 같은 부모 아래에서 자란 형제자매 역시 사회적 관계를 구성할 수 있다.

혈연관계를 기반으로 사회적 관계를 구성하는 것처럼, 이러한 관계는 인간의 삶에서 중요한 역할을 한다. 사회구조는 이처럼 하나의 사회 내에서 개인이나 집단 간의 상호관계가 일정하게 정형화되고 안정된 틀을 이루는 사회적 관계를 의미한다.

사회 속에서 개인들의 관계가 일정하게 나타난 것을 사회구조 관계라고 본다면, 사회구조는 하나의 사회 내에서 개인들이나 집단들의 정형화된 상호관계를 맺는다. 학교나 군대와 같은 사회집단들이 일정하고 정형하게 거기에 소속된 구조원들과 관계를 맺을 때 우리는 이를 사회구조라고 한다. 사회구조는 몇 가지 주요 특성을 가지고 있다. 첫 번째는 지속성으로, 사회구조는 일정한 체계나 제도, 형식이 꾸준히 나타나는 경향이 있다. 두 번째는 안정성으로, 사회구조는 안정적으로 유지되는 경향이 강하다. 그러나 사회구조는 언제나 지속적이고 안정적인 상태로만 존재하지 않는다. 때로는 외부 환경의 변화나 내부 구성원들의 가치관 변화로 인해 변동하기도 한다. 따라서 사회구조의 특성은 크게 지속성, 안정성, 변동성으로 요약할 수 있다.

사회구조는 기능론적 관점과 갈등론적 관점으로 해석될 수 있다. 이 두 가지 관점은 사회과학에서 매우 중요한 시각으로, 사회를 바라보는 거시적 관점으로 분류된다. 사회학개론이나 인류학개론 등 사회과학 관련 교과를 학습할 때 반드시 다루게 되는 핵심 주제이기도 하다.

사회구조의 세 가지 특성 중 하나로 언급된 변동성은 사회구조의 변화 가능성을 의미한다. 이를 설명하기 위해 출산 억제 정책의 사례를 들 수 있다. 과거에는 자녀 양육이 주로 가정 내에서 이루어지는 문제로 간주되었으며, 특히 주부의 역할이 강조되었다. 그러나 현대사회에서는 저출산과 고령화가 주요 사회적 이슈로 대두되며, 사회구조 역시 이러한 변화에 대응하고 있다. 과거에는 인구 조절을 위해 출산 억제 정책이 시행되었지만, 오늘날에는 저출산 문제 해결을 위해 출산 장려 정책이 적극적으로 추진되고 있다. 사회구조는 인간과 인간, 또는 인간과 집단 간의 사회적 관계를 형성하고 변화시키는 틀로 작용한다. 이는 인간과 사회가 공존하며 상호작용하는 개념으로 이해할 수 있다. 사회적 맥락에서 공존하는 인간의 모습은 사회구조에 따라 다양하게 나타나며, 이러한 변화는 가정 내 관계에서도 확인할 수 있다.

과거에는 여성이 주로 자녀를 돌보는 역할을 맡았다면, 현대에는 여성이 일과 육아를 병행하고, 남성 역시 자녀 양육에 적극적으로 참여하는 가정이 증가하고 있다. 남성이 출산휴가를 사용하거나 보육에 관심을 가지는 사례는 이러한 변화를 대표하는 예라고 할 수 있다. 저출산과 고령화는 사회구조에 큰 영향을 미쳤으며, 이는 사회적 관계의 변화와도 깊이 연결되어 있다. 사회구조는 인간관계를 형성할 뿐 아니라 변화시키며, 이러한 과정은 사회와 인간이 공존하는 방식에 영향을 미친다.

최근 저출산과 고령화 현상에 대응하기 위해 2004년 이후 정부의 정책 방향이 출산 장려로 전환되었다. 그럼에도 저출산 문제는 고령화 문제와 아울러 미해결 문제로 여지를 두고 있다. 이제 양육의 문제는 단순히 가정 내의 문제가 아니라 국가 차원의 문제로 확산되었다고 볼 수 있다. 이러한 정책 변화는 사회구조의 변화를 더욱 촉진시키는 역할을 하고 있다. 저출산이라는 사회구조의 변화는 높은 교육비와 양육비 부담 등으로 인해 아이를 낳지 않으려는 경향에서 시작되었다. 이에 정부는 출산 장려 정책을 통해 이를 해결하려는 노력을 기울이고 있으며, 이러한 정책들은 서로 톱니바퀴처럼 연계되어 사회구조 변화에 중요한 영향을 미치고 있다.

사회집단의 역동

사회집단이란 공통된 관심사와 목적을 가진 두 명 이상의 사람들이 소속감을 느끼며 지속적으로 상호작용하면서 형성된 집단을 의미한다. 즉, 사회집단은 구성원이 둘 이상일 때 비로소 성립된다. 혼자는 사회집단이라 부를 수 없으며, 반드시 두 명 이상의 사람들이 함께 있어야 한다. 사회집단의 핵심 요소는 첫째, 두 명 이상의 사람이 있어야 한다. 둘째, 구성원들 사이에 일정한 목적이나 관심사가 공유되어야 한다. 셋째, 구성원들이 소속감을 느껴야 하며, 마지막으로 지속적인 상호작용이 이루어져야 한다.

예를 들어, 둘 이상의 사람들이 모여 있다면 이를 사회집단으로 볼 수 있다. 이는 둘 이상 수의 사람이 서로 소통하고, 지속적으로 만나며, 같은 또래집단에 속해 있기 때문이다. 따라서 이 역시 사회집단의 정의에 부합한다고 할 수 있다.

사회집단의 분류 중에는 내집단과 외집단이 있다. 내집단을 어떤 사람들은 “너의 집단”이라고 표현하기도 하지만, 일반적으로 내집단은 ‘We’를 중심으로 설명된다. 한국인은 특히 소속감이 강한 민족으로 알려져 있으며, ‘우리 민족’, ‘우리 엄마’와 같은 표현을 자주 사용한다. 이와 같은 표현들은 사실 ‘내 엄마’가 더 정확하지만, 영어의 ‘my mother’ 대신 ‘our mother’라고 부르는 경우가 많다. 이와 관련하여 흥미로운 점은 ‘우리 와이프’라는 표현이다. 많은 사람이 자신의 아버지가 어머니를 칭할 때 ‘내 와이프’라고 하지 않고 ‘우리 와이프’라고 표현한다. 이는 마치 자신의 부인이 여러 사람과 공유되는 것처럼 들릴 수 있어 재미있게 느껴질 수 있지만, 특히 미국인과 같은 영어권 사람들에게 이런 표현은 매우 독특하게 받아들여질 수 있다. 예를 들어, 서구에서는 자기 부인을 소개하면서 ‘our wife’라고 한다면, 이는 일처다부제를 연상시키며 오해를 불러일으킬 수도 있다.

내집단은 ‘우리’라는 개념을 중심으로 소속감과 공동체 의식이 강한 집단을 의미한다. 이러한 내집단은 개인적 소유를 나타내는 'my'의 개념과는 구별된다. 반면에 외집단은 'outside'라는 개념을 가지며, 소속감을 느끼지 못하거나 이질감과 적대 의식을 느끼는 집단으로 정의된다. 이러한 집단은 흔히 '그들(they) 집단'이라고 표현된다. 그래서 우리는 개인에 대해 논의할 때 '타자'라는 용어를 사용하기도 한다. 외집단은 본질적으로 개별적인 개인들로 이루어진 집단으로 볼 수 있으며, 이는 '나와 타자'라는 방식으로 표현되기도 한다. 더 나아가, 외집단을 '타자적 집단'으로 정의하는 학자들도 있다.

사회집단을 내집단과 외집단으로 분류하는 이유는 단순히 이들의 특성을 구분하는 데 있지 않다. 오히려 이러한 구분을 통해 집단 간 경계를 넘어 공존의 가능성을 모색하는 것이 중요한 목적이라고 할 수 있다. 어떤 사회집단에서는 내집단 내에서의 공존뿐 아니라 외집단과의 공존 또한 매우 중요한 의미를 지닌다. 특히, 자신이 소속감을 느끼지 못하는 이질적인 집단과의 공존은 사회의 지속 가능성과 다양성을 유지하는 데 필수적이다. 따라서 외집단은 내집단만큼 중요한 위상을 가지며, 이를 인정하고 공존을 위해 노력하는 자세가 필요하다.

사회집단과 사회화

1차 집단과 2차 집단은 사회집단의 또 다른 분류 방식으로, 이는 1차 사회화 기관과 2차 사회화 기관의 개념과 유사하게 이해할 수 있다. 1차 집단은 직접적인 접촉을 통해 형성되는 집단을 의미한다. 예를 들어, 가족은 대표적인 1차 집단으로, 혈연으로 유지되거나 직접적인 접촉과 관계를 통해 형성된다. 또한, 또래 친구들로 구성된 놀이집단 역시 1차 집단의 예라 할 수 있다.

반면, 2차 집단은 간접적인 접촉을 통해 형성되는 집단을 의미한다. 예를 들어, 학교, 회사, 정당, 군대와 같은 조직이 이에 해당한다. 2차 집단 내에서는 친족회나 동호회처럼 1차 집단의 성격을 지닌 소집단들이 형성되기도 한다. 이는 본질적으로 1차 집단은 아니지만, 구성원 간의 유대감이 끈끈하다는 점에서 1차 집단과 유사한 특성을 보인다. 최근의 동호회 활동이 이러한 경향을 잘 보여준다. 이를 통해 가족공동체에서의 공존이 사회적으로 확장된 형태를 발견할 수 있다. 예를 들어, "이웃사촌이 가까운 친척보다 더 좋다"는 속담처럼, 사회적 관계 속에서 1차 집단의 성격을 지닌 집단이 나타나기도 한다. 이는 1차 집단과 2차 집단의 경계가 고정적이지 않으며, 다양한 사회적 맥락에서 변화와 확장이 이루어질 수 있음을 보여준다.

현대사회에서는 1차 집단과 2차 집단을 명확히 구별하기 어려운 경우가 점점 많아지고 있다. 이에 따라 2차 집단에서도 1차 집단의 형태가 나타나고, 1차 집단에서도 2차 집단과 유사한 소통 방식이 나타나는 등 집단 간의 경계가 모호해지고 있다. 예를 들어, 같은 형제자매나 혈족 간에도 서로 소통하지 않는 사례가 흔해지고 있다.

따라서 현재의 사회에서는 1차 집단과 2차 집단을 구분하는 것 자체가 중요한 과제가 아니라, 어떻게 공존할 수 있는지가 더 중요한 이슈로 부각되고 있다. 1차 집단과 2차 집단의 구별 여부보다는, 공존의 친밀감에 따라, 즉 구성원들의 친밀한 인간관계가 형성되고 유지되는 것이 더 중요한 역할을 가지고 있다.

공동사회와 이익사회는 사회집단을 구분하는 또 다른 방식으로 이해될 수 있다. 공동사회는 독일어로 "공동적으로 모여 있는 모임"을 뜻하며, 이를 '게마인데(Gemeinde)'라는 용어로 표현한다. 독일에서는 교회가 하나의 공동체 역할을 수행하는 경우가 많아, 교회를 'Gemeinde'라고 부르기도 한다. 반면, 이익사회는 'Gesellschaft'라는 용어로 표현되며, 독일에서는 이를 회사라는 의미로 사용한다. 우리나라에서 회사는 'company'로 표현되지만, 독일에서는 이익사회의 개념으로 연결된다. 공동사회는 구성원의 의지와 관계없이 자연적으로 발생하는 집단을 의미한다. 예를 들어, 가족, 친족, 지역사회와 같은 집단이 이에 해당하며, 이는 1차 집단과 유사한 특징을 가진다. 반대로, 이익사회는 구성원의 필요에 의해 의도적으로 구성된 집단으로, 특정한 목표를 성취하거나 타인과 교류하기 위해 형성된다. 회사, 정당, 지방자치단체 등이 이익사회의 대표적인 예로 들 수 있다.

집단의 개념에서 소속집단과 준거집단은 공존을 이해하는 데 중요한 요소 중 하나이다. 소속집단은 개인이 실제로 소속되어 있는 집단을 의미한다. 예를 들어, 대학생들은 대학교라는 소속집단에 속하며, 가정 또한 개인에게 소속집단으로 작용한다. 반면에 준거집단은 개인이 자신의 행동을 판단하거나 목표를 설정할 때 기준으로 삼는 집단을 뜻한다. 예를 들어, 대학생이 졸업 후 교사가 되고 싶다면 교사집단이 준거집단이 되고, 대기업 사원이 되고자 한다면 대기업의 사원집단이 준거집단이 된다. 이처럼 준거집단은 개인이 자신의 상황을 평가하거나 비교할 때, 의식적이든 무의식적이든 기준점 역할을 하는 집단이다. 소속집단과 준거집단은 서로 다른 특성을 가지고 있지만, 개인의 정체성과 목표 형성에 중요한 영향을 미친다. 소속집단은 현재의 삶에 기반을 두는 반면, 준거집단은 개인의 미래 지향적 행동과 가치 판단에 중요한 역할을 한다. 준거집단은 개인의 진로와 밀접한 관계를 가지며, 이러한 집단은 소속집단으로도 나타날 수 있다. 소속집단과 준거집단은 개인의 정체성을 결정하는 데 있어 매우 중요한 역할을 한다.

소속집단과 준거집단이 일치하는 경우도 있다. 이 경우, 소속집단에 대한 만족감과 충족감이 높아지며, 개인은 자신의 행동에 대해 더 큰 자신감을 가지게 된다. 예를 들어, 고등학생일 때 대학생 집단이 준거집단으로 작용할 수 있다. 대학에 입학하면 이러한 준거집단에 속하게 되어 만족감과 충족감이 높아지고 자신감이 증가하게 된다. 또한, 소속집단과 준거집단의 관계는 공존의 차이를 초래할 수도 있다. 원하는 집단에 속하게 되면 공존이 긍정적으로 이루어질 수 있으나, 원하지 않는 집단에 속하게 될 경우 다른 집단에 대한 동경으로 인해 공존이 해쳐질 수도 있다.

준거집단이 소속집단이 아닌 경우, 개인은 갈등을 경험하거나 예기 사회화와 상대적 박탈감을 느낄 수 있다. 예기 사회화는 미리 사회화되는 과정을 의미한다. 이는 현재의 소속집단에 속해 있으면서도 미래에 속하게 될 준거집단에 대비하는 것을 뜻한다. 예를 들어, 대학교에서 열심히 학업에 매진하는 것은 준거집단을 소속집단으로 변화시키기 위한 노력의 일환이다. 이는 현재 소속된 집단에서 벗어나 새로운 준거집단에 합류하기 위해 필요한 준비를 하는 과정이다. 그러나 소속집단에서 준거집단으로의 이동이 지연될 경우, 개인은 상대적 박탈감을 경험할 수 있다. 따라서 준거집단과 소속집단 간의 차이를 줄이기 위해 끊임없는 노력이 요구된다. 학업에 충실히 임하고, 자신의 미래 비전을 명확히 설정하며, 사회 참여 활동, 예를 들어 준거집단으로의 이동을 준비하는 과정이 바로 대학생활의 중요한 역할이다. 대학생활 동안 얼마나 성실히 노력했는가는 소속집단에서 준거집단으로의 전환을 위한 준비와 직결되며, 이는 개인의 미래를 결정짓는 중요한 요소가 된다.

사회조직과 관료제

사회조직은 사회집단 중에서도 구성원들이 특정한 목표를 달성하기 위해 지위와 역할이 체계적으로 정해져 있는 집단을 말한다. 사회조직의 주요 관심은 설정된 목표를 달성하는 데 있다. 사회가 분화되고 전문화되면서, 이러한 목표 지향적인 특성은 기업체, 정당, 노동조합과 같은 2차 집단에서 주로 나타난다. 이들 조직은 목표를 설정하고 과업을 달성하는 것을 중점적으로 추구하며, 효율성과 목적지향성을 띠는 것이 특징이다.

앞서 학습한 공동사회와 이익사회를 통해서도 이를 확인할 수 있다. 공동사회는 'Gemeinschaft', 이익사회는 'Gesellschaft'로 표현되는데, 이익사회적 관점이 두드러질수록 목표가 뚜렷해진다. 이러한 사회조직의 일차적 관심은 공동의 목표를 명확히 하고, 과업 달성을 위해 조직화된 관심을 가진다는 점이다. 사회조직 중 가장 핵심적인 요소로는 관료제를 들 수 있다. 관료제란 대규모 조직을 합리적으로 관리하는 방식으로, 목표 달성을 위한 체계적인 구조와 효율성을 제공하는 중요한 사회조직의 형태이다.

관료제는 정부 부처, 국가기관, 대기업과 같은 대규모 조직에서 대표적으로 나타나는 조직 형태이다. 이러한 조직은 가족 단위처럼 개인 간의 정서적 교류보다는, 업무가 매뉴얼에 따라 체계적으로 진행되는 것이 특징이다. 예를 들어, 종합병원을 살펴보면, 외과, 성형외과, 소아과, 이비인후과 등 다양한 전문 과로 분화되어 있다. 병원을 방문했을 때 바로 의사를 만나는 것이 아니라, 먼저 수속을 마치고 예약 절차를 거친 뒤 간호사를 통해 의사와 만나는 과정을 거친다. 이러한 단계는 의료 스케줄 관리, 내원 기록 작성 등의 문제를 체계적으로 해결하기 위해 고안된 것이다. 의사들이 직접 환자들을 관리하게 된다면, 업무가 과중되거나 혼란이 발생할 가능성이 높다. 이를 방지하고 병원을 효율적으로 관리하기 위해 각 단계마다 인력을 투입하여 계단식 또는 분화된 구조를 만든 것이다. 이러한 구조를 관료제라 한다.

은행에서도 이와 유사한 체계가 운영된다. 관료제는 현대사회에서 매우 널리 퍼져 있는 조직 구조로, 대표적인 사회조직 중 하나이다.

관료제는 몇 가지 장점과 단점을 가지고 있다. 관료제는 업무가 분화되고 전문화되어 있어 조직을 효율적으로 관리할 수 있다는 큰 장점이 있다. 이를 통해 업무가 정확하고 신속하게 처리될 수 있다. 그러나 관료제의 장점이 제대로 작동하지 않을 경우, 단점이 두드러질 수 있다. 관료제에서 발생하는 주요 단점 중 하나는 수단과 목적의 전치 현상이다. 이는 관료제가 업무의 효율성을 위해 만들어졌음에도 불구하고, 지나치게 절차와 수단을 강조한 결과로 오히려 효율성이 떨어지는 상황을 말한다. 예를 들어, 업무가 느리고 비효율적으로 진행되면서 본래 목표를 이루지 못하는 상황이 발생할 수 있다. 이러한 문제는 관료제의 단점으로 지적된다.

관료제의 문제를 해결하기 위한 대안 조직으로 탈관료제와 팀제 조직 같은 새로운 조직 구조가 나타나고 있다. 탈관료제는 관료제에서 나타나는 과도한 규제를 완화하거나 제거하는 것을 의미한다. 규제란 각 단계마다 지속적으로 개입하는 절차를 말하며, 탈관료제는 이러한 절차를 간소화하거나 변화시키는 것이다. 예를 들어, 한 학교의 사례를 보면, 수학여행을 준비하는 과정에서 관료제가 어떻게 작동하는지 알 수 있다. 세월호 사태 이후, 안전 점검이 매우 까다로워져 담당 교사가 수학여행지에 두 번 이상 답사하고, 안전 점검을 실시하며, 15~40개의 공문을 작성해야 한다. 이러한 행정 절차는 과도하게 복잡하며, 수학여행의 본래 목적이었던 학생들의 체험 활동과 학습 효과를 저해하는 요소로 작용한다. 이는 관료제의 단점을 보여주는 사례이며, 관료제의 이러한 병폐로 인해 대안 조직의 필요성이 대두된다.

또 다른 대안 조직으로는 팀제 조직이 있다. 팀제는 전통적인 계단식 구조의 관료제와 달리 수평적인 구조를 지향하며, 팀 단위로 목표를 부여받아 운영되는 조직 형태이다. 과거 관료제에서는 의사결정 과정이 단계별로 진행되었으나, 팀제에서는 팀장과 팀원이 직접적으로 연계되어 업무가 보다 신속하고 효율적으로 이루어질 수 있다. 그러나 팀제라는 이름을 사용하더라도 실제로는 관료제의 잔재가 남아 있는 경우가 많다. 예를 들어, 과장이라는 직함이 단순히 팀장으로 바뀌었을 뿐, 조직 운영 방식은 여전히 관료제적 요소를 유지하는 사례가 있다. 이러한 경우, 팀제의 본래 목적을 달성하지 못하고 형식적으로만 운영되는 문제가 발생한다.

실제 팀제의 개념은 특정 목표를 달성하기 위해 팀 단위로 유기적으로 움직이는 구조를 의미한다. 이는 관료제의 복잡한 절차를 극복하고, 조직의 유연성과 효율성을 높이기 위한 중요한 대안으로 작용할 수 있다. 따라서 진정한 팀제는 관료제의 한계를 극복하고 조직의 목적을 보다 효과적으로 달성하는 데 기여할 수 있어야 한다.

네트워크 조직은 특정 사안에 따라 거미줄처럼 연결되어 일을 처리하는 조직 형태를 말한다. 네트워크 조직의 한 형태로 아메바형 조직이 있다. 이는 특정 목적에 따라 능동적으로 움직이며, 아메바처럼 조직의 구성을 유연하게 변화시키는 특징을 가진다. 예를 들어, 특정 과제가 주어졌을 때, 그 과제를 가장 잘 수행할 수 있는 사람들을 새롭게 배치하여 업무를 처리한다. 이러한 방식은 과제 중심의 구조로, 업무를 빠르고 효과적으로 진행할 수 있다는 장점이 있다. 그러나 이러한 탈관료제적 조직 구조에도 단점은 존재한다. 네트워크 조직은 유연성과 효율성 면에서 강점을 가지지만, 조직 구성원들 간의 유대감, 책임감, 연대감이 탈관료제의 다양한 형태에 따라서 다른 특징이 나타날 수 있다.

또 하나의 대안 조직으로는 오케스트라형 조직이 있다. 이 조직은 강력한 지도자가 각 구성원의 역할과 특성을 잘 이해하고 이를 기반으로 업무를 분배하고 조율하는 방식으로 운영된다. 이러한 조직 형태는 이를 이끌어 가는 CEO나 대표자가 원하는 방향으로만 일이 진행되는 경우도 있다. 오케스트라형 조직에도 단점은 존재한다, 관료제의 병폐를 극복하기 위해 탈관료제적 조직이나 오케스트라형 조직과 같은 대안 조직이 등장했지만, 이들 역시 개선이 필요한 부분이 존재한다는 점을 간과해서는 안 된다.

공식 조직과 비공식 조직

조직은 공식 조직과 비공식 조직으로도 나눌 수 있다. 첫 번째 공식 조직은 구성원들의 지위와 역할이 명확히 분담되어 있으며, 업무 수행 절차가 명시적으로 규정된 조직이다. 예를 들어, 회사의 내규나 학교의 교칙, 부서별 운영 규정 등이 이에 해당한다.

비공식 조직은 친밀한 인간관계를 바탕으로 자연발생적으로 형성되는 조직이다. 동창회나 동호회처럼 특정한 규율 없이 구성원 간의 친밀감을 기반으로 이루어지는 조직이 이에 속한다.

우리나라의 경우, 공식 조직보다 비공식 조직이 더 많이 형성되는 경향이 있다. 사람들은 공식적인 틀 안에서의 조직보다 자연스럽게 형성된 인간관계를 통해 친밀감을 유지하는 비공식 조직에 더 많이 참여한다. 예를 들어, 개인이 속한 공식 조직의 수와 비공식 조직의 수를 비교해보면, 비공식 조직이 더 많은 경우가 흔하다.

동호회는 비공식 조직의 대표적인 예로, 구성원들이 취미를 함께 즐기기 위해 자발적으로 형성되는 조직이다. 그러나 동창회의 경우, 공식 조직인지 비공식 조직인지 분류하기 애매한 사례로 볼 수 있다. 동창회에 명확한 회칙이 존재하고, 임원들의 역할이 분류되어 있으며, 구성원들이 지속적으로 동창회비를 납부하는 경우라면 이는 공식 조직으로 분류될 수 있다. 하지만 이러한 구조가 없거나 느슨한 경우에는 비공식 조직으로 간주될 수 있다. 이처럼 상황에 따라 공식 조직과 비공식 조직의 경계는 모호하며, 이를 명확히 구분하는 것은 쉽지 않다.

한 조직 내에서 공식 조직과 비공식 조직은 상호작용하며 공존관계를 맺는다. 이러한 관계를 조직적 공존이라고 한다. 앞에서 다룬 인간과 인간, 인간과 자연 간의 공존과 유사하게, 공식 조직과 비공식 조직도 서로 협력하며 조화를 이루는 것이 필요하다.

비공식 조직은 공식 조직의 목표와 조화를 이루는 데 중요한 역할을 한다. 일반적으로 공식 조직이 더 높은 가치를 지닌다고 평가되지만, 비공식 조직도 조직 구성원들의 삶과 목표 성취에 있어 중요한 기여를 한다. 예를 들어, 동호회 활동이나 친구들과의 팀 프로젝트는 비공식 조직의 활동이지만, 이는 공식 조직인 대학생활에서 좋은 성적을 내고, 슬기롭게 학업을 마치며, 소속집단에서 준거집단으로 나아가기 위한 중요한 노력의 일환이다. 비공식 조직은 공식 조직의 목표와 조화를 잘 이루도록 하는 것이 중요하다고 할 수 있다. 마찬가지로, 공식 조직은 비공식 조직이 효과적으로 활동할 수 있도록 지원해야 한다. 예를 들어, 학교가 팀 프로젝트 활동을 위해 도서관에 스터디룸을 제공하거나, 동아리 활동을 위해 동아리실을 지원하는 것은 비공식 조직의 활동을 돕기 위한 사례이다.

자발적 결사체는 공동의 이해관계를 가진 사람들이 자발적으로 조직하여 결성된 집단을 의미한다. 이러한 결사체는 특정한 사회적 목표를 달성하기 위해 자발적으로 구성원들이 참여하여 운영되는 조직이다. 예를 들어, 한 지역에 유독 가스를 배출하는 공장이 있을 때, 이를 방지하기 위해 주민들이 연대하여 반대 서명을 하는 집단을 자발적 결사체라고 할 수 있다.

민주주의 사회에서는 자발적 결사체가 많을수록 바람직한 사회적 특징으로 간주된다. 이러한 결사체는 시민들이 자발적으로 참여하고 협력하며 사회적 문제를 해결하는 데 기여하기 때문이다. 반면, 비민주주의 사회에서는 자발적 결사체를 제어하거나 억압하려는 경향이 있으며, 이는 민주적 참여를 제한하는 단점으로 작용한다.

자발적 결사체의 장점은 구성원들의 자발적 참여를 통해 조직이 운영된다는 점에 있다. 그러나 자발적 결사체의 단점도 존재한다. 만약 자발적 결사체가 지나치게 자기 집단의 이익만을 추구하고 다른 집단을 배척한다면, 집단 이기주의에 빠질 위험이 있다. 이는 사회 전체의 조화와 발전을 저해하고, 심지어 사회를 혼란스럽게 만들거나 양분화시키는 부정적인 결과를 초래할 수 있다. 최근에는 이러한 집단 이기주의에 빠진 집단들이 등장하면서 사회적 갈등을 유발하는 사례도 나타나고 있다.

5
문화와 사회의 관계

문화인 것? 아닌 것?

사람들이 만났을 때 인사를 한다. 인사 예절은 연령이나 특정 사회에 따라 다르게 나타날 수 있다. 인사라는 측면에서 공통점을 가질 수 있으나, 인사하는 방식은 문화마다 차이가 있다. 인사는 남을 반갑게 맞이하거나 경의를 표하며, 자신의 감정을 전달하는 수단으로 이용된다. 하지만 그 목적이나 의미는 같더라도 행위의 구체적인 표현 방식은 서로 다르다. 이러한 차이는 인사뿐만 아니라 다양한 사회적 현상에서도 나타난다.

예를 들어, 꽃을 주고받는 행위를 생각해 보자. 어떤 문화에서는 생일을 축하하기 위해 꽃을 주며, 다른 문화에서는 사랑을 고백할 때 꽃을 준다. 이뿐만 아니라, 꽃의 색깔이나 종류도 각 문화에서 다르게 해석된다. 이는 주는 행위 자체는 공통되지만, 그에 담긴 의미가 문화에 따라 달라진다는 것을 보여 준다.

또 다른 예로, 배고픔을 해결하는 방법을 들 수 있다. 한국에서는 끓는 물을 부어 컵라면을 먹는 것이 흔한 방식이다. 이는 배고픔을 빠르게 해소하는 방법으로 널리 사용된다. 반면, 미국에서는 냉동 피자를 전자레인지에 데워 먹는 경우가 많다. 배고픔이라는 현상은 인간이라면 누구나 겪는 보편적인 것이지만, 이를 해결하는 방식은 문화마다 다르다. 이러한 보편적인 현상을 문화의 보편성이라 한다. 그렇지만 그 배고픔을 해결하는 방법은 나라나 문화마다 연령층마다 또는 계층마다 다를 수 있다.

그래서 문화는 보편적인 측면과 특수한 측면들, 어떤 지역이나 환경이나 계층이나 종교나 다른 측면들을 가진다고 본다. 우리는 그것을 문화의 특수성이라고 한다. 이런 특수성에 의해서 문화의 다양성이 나타난다. 문화의 특수성이 한 사회에 같이 어우러져 있기 때문에 다양하게 나타난다. 한 사회 내에서 이러한 문화의 특수성이 어우러져 다양한 형태를 이루게 된다. 문제는 이러한 차이를 차별로 이어가는 것이다. 차이는 자연스럽고 괜찮은 것이지만, 차별은 공존을 해치는 요인이 된다. 특정 문화를 이유로 사회에서 배제하거나 왕따를 시키는 것은 문화의 본질적인 측면과 아주 다르다. 공존하고자 하면 어떤 사회에서 다양한 문화가 있다면 그것을 서로 포용하고 다양성으로 이해해야 한다.

문화에 대한 보편적인 측면과 특수적인 측면을 이야기할 때, 이를 구체적으로 설명하려면 문화의 내용을 더 자세히 다룰 필요가 있다. 그러나 개념적으로 볼 때, 문화는 크게 좁은 의미의 문화와 넓은 의미의 문화로 나눌 수 있다. 일상적으로 우리는 '문화생활'이나 '문화인'이라는 표현을 자주 사용한다. 또한 신문에는 '문화면'이 있고, TV 프로그램에도 '문화코너'가 있다. 이러한 표현들은 일상적인 삶과 평범한 삶과는 다른 측면을 이야기한다. 이를 정신적·물질적으로 진보된 상태라고 하며, 일상생활보다 우아한 것처럼 보이는 미적인 측면을 강조하는 경향이 있다. 이러한 측면을 좁은 의미의 문화라고 한다. 예를 들어, 사람들이 노래방에 가는 것과 달리 오페라를 관람하는 것을 '문화적'이라 표현하며, 이를 좁은 의미의 문화로 분류할 수 있다. 이때 자신을 '문화인'으로 생각하거나 표현하기도 한다. 반면, 문화인류학에서 다루는 문화는 넓은 의미의 문화를 가리킨다. 넓은 의미의 문화란 특정 사회나 집단에서 나타나는 사회제도, 이데올로기, 의식주, 풍습 등과 같은 공통된 생활양식을 모두 포함하는 개념이다.

우리 주변의 친구들을 바라보면, 모두 같은 사회 속에서 살아가고 있음을 알 수 있다. 같은 대학교에서 공부하며, 경우에 따라 같은 학과에 속하기도 한다. 또한, 같은 신앙을 가지게 된다면 동일한 종교의 구성원이 될 수도 있다. 이처럼 특정 집단 내에서 공유하는 공통된 생활양식을 넓은 의미의 문화라고 한다. 좁은 의미의 문화와 넓은 의미의 문화를 명확히 구별하는 것이 중요하다. 넓은 의미의 문화는 사회제도와 같은 사회집단에서 나타나는 공통된 모든 생활양식, 즉 사회 구성원들의 삶의 총체적 양식을 의미하며, 이를 문화라고 정의할 수 있다. 앞에서 배운 사회집단의 개념은 이러한 문화를 이해하는 데 매우 중요한 요소다. 어떤 학자들은 서로 다른 사회집단을 구별하는 자체가 곧 문화를 정의하는 방식이라고도 주장한다.

사회집단으로서 A대학과 B대학을 가정해 보자. A대학과 B대학을 비교하면 같은 전공이 존재할 수는 있지만, 각 대학이 추구하는 이념이나 사상이 다를 수 있다. 이러한 차이는 사회적 상호작용의 맥락에서 이해할 수 있다. 사회적 상호작용은 때로는 경쟁의 형태로 나타난다. 이러한 경쟁은 단순한 대립을 넘어, 공존을 위한 과정으로 볼 수 있다. A집단과 B집단은 이질적으로 보일 수 있으나, 넓은 관점에서 보면 이들 간의 다양성은 공존을 위한 전제조건이다. 다름은 곧 다양성의 기초이며, 이는 공존의 필수적인 요소이다. 따라서 A집단과 B집단은 서로 다를 수밖에 없으며, 이러한 다양성은 지구와 우주라는 더 큰 맥락에서 볼 때 자연스럽고 필연적인 현상이다.

문화의 보편성과 특수성

문화를 이해하는 과정에서 문화의 보편성과 특수성에 대해 살펴볼 필요가 있다. 문화의 보편성은 시간과 공간의 차원을 넘어 인간 사회에 나타나는 공통된 속성을 의미한다. 이는 인간 사회 전반에 걸쳐 나타나는 문화의 공통적 특징으로, 문화의 공통성이라고 할 수 있다. 반면, 문화의 특수성은 각 사회마다 독특하게 나타나는 생활양식과 독자적인 성향을 말한다. 이 특수성은 문화의 다양성을 형성하는 주요 원인이다. 문화의 보편성은 인간의 신체적, 생리적 구조에서 비롯된다. 예를 들어, 모든 사람은 두 개의 눈과 하나의 코를 가지며, 기본적인 신체 구조는 같다. 생리적 구조뿐만 아니라 사고 능력에서도 그 사회에 맞춘 자연환경이나 구조적 환경에 맞춘 유사성이 나타난다. 그렇지만 인간은 선과 악을 구별할 수 있는 보편적인 사고능력의 유사성이 있다. 예컨대, 추운 날씨에 옷을 입거나 배고픔을 해결하기 위해 음식을 섭취하는 행위는 인간의 공통적인 본능과 관련이 있다. 결혼 역시 인간 사회 전반에서 공통적으로 나타나는 현상으로, 이는 개인의 삶과 사회적 관계를 유지하기 위한 방식으로 나타난다.

그러나 결혼의 형태와 방법은 사회마다 다르다. 구혼이나 프러포즈 같은 결혼 과정의 세부적인 양상은 문화적 특수성을 반영한다. 예를 들어, 프러포즈 방식은 각 사회의 역사적, 사회적, 정치적, 경제적 환경에 따라 상이하게 나타난다. 이는 문화의 특수성을 보여주는 대표적인 사례이다. 문화의 특수성은 각 사회마다 자연환경이나 역사적 사회적 환경이 역사적, 사회적 환경뿐만 아니라 정치적 경제적 상황이 상이하다. 그러니까 어떤 사회는 특정한 특수성을 가질 수가 있으며, 이것을 우리는 문화의 특수성이라고 한다. 음식문화 역시 문화 특수성을 잘 보여주는 예이다. 젓가락만 보더라도, 중국의 젓가락은 길고 나무로 만들어져 있으며, 이는 뜨거운 음식을 다루기에 적합하다. 한국의 젓가락은 길이가 중간 정도이며, 일본의 젓가락은 짧다. 일본에서는 음식을 섭취할 때 그릇을 들고 먹는 문화가 있기 때문이다. 또한, 음식

조리법도 각 나라의 문화적, 환경적 조건에 따라 다양하게 나타난다. 이러한 문화의 특수성은 문화적 다양성을 형성한다. 그 다양성을 우리가 인정해야 한다.

우리나라 사람들이 다른 나라 사람들로부터 "왜 개고기를 먹느냐"는 차별적인 시선을 받는다면, 이는 문화의 공존을 해치는 행위로 볼 수 있다. 개고기 섭취는 우리 선조들이 겪었던 보릿고개와 같은 어려운 시절에 먹을 것이 없어 가축으로 기르던 개를 섭취해 영양을 보충했던 역사적 배경이 있다. 이러한 민속학적 견해는 개고기 섭취가 단순한 음식 문화 이상의, 당시의 생존을 위한 선택이었다는 점을 보여준다. 현대에는 보양식으로 개고기를 먹는 경우도 있지만, 이는 애완용 개를 먹는 것이 아니라는 점을 분명히 해야 한다. 그러나 외부에서 이를 바라보는 시선은 다를 수 있다. 일부에서는 개고기를 먹는 문화를 미개하다고 폄하하기도 한다. 이는 문화적 특수성을 이해하지 못한 결과이며, 문화공존을 해치는 태도로 간주 될 수 있다. 앞서 다양한 사례를 통해 여러 문화를 설명하며, 문화공존을 위해서는 문화 다양성을 이해해야 한다고 강조했다. 이와 관련하여 한국, 중국, 일본의 전통공연을 살펴보면, 이들 국가의 전통공연은 노래와 춤이라는 측면에서 공통점을 가지고 있다.

한국, 중국, 일본의 전통공연은 풍자를 하거나 흥을 돋우는 공통적인 목적을 가지고 있다. 그러나 이러한 퍼포먼스를 표현하기 위한 도구나 신체 치장은 각 문화의 특수성을 반영하여 다르게 나타난다. 한국의 경우, 대표적인 전통공연으로 탈춤을 들 수 있다. 탈춤은 주로 양반을 풍자하며 서민들의 공감을 이끌어내는 내용을 중심으로 한다. 이는 민중적 정서를 담고 있으며, 전체적으로 오페라보다는 뮤지컬에 가까운 형식을 띠고 있다. 말뚝이는 풍자를 하는 역할이다.

중국에서는 경극이 대표적이다. 특히, <패왕별희>는 초패왕과 그의 후궁 별희의 사랑을 그린 극으로 잘 알려져 있다. 경극에서는 배우들이 진한 화장을 하고, 창의 기법을 통해 여성스러운 표현을 강조하는 독특한 양식이 나타난다. 이러한 특성은 경극만의 독창성을 보여주며, <패왕별희>와 같은 작품에서 이를 확인할 수 있다.

일본의 가부키는 또 다른 형태의 전통공연이다. 가부키에서 "가"는 노래를, "부"는 무용을 뜻하며, 하얀 분장을 한 배우들이 등장하는 것이 특징이다. 가부키의 독특한 의상과 분장은 일본 전통문화의 특수성을 잘 드러낸다.

이와 같이, 전통공연은 민중적이라는 점에서 공통점을 가지지만, 각 나라의 문화적 맥락에 따라 표현 방식이 다르게 나타난다. 이러한 차이는 문화다양성을 이해하는 데 중요한 요소로 작용하며, 각국의 전통공연은 각각의 독자적인 문화적 특성을 반영한다. 인천에도 유명한 탈춤이 있다. 국가무형문화재로 지정된 은

율탈춤이 그것이다. 은율탈춤은 황해도에서 전해진 탈춤으로, 황해도와 인천이 지리적으로 가까워 현재 인천에서 이 탈춤이 이어지고 있다. 인천 수봉산에는 은율탈춤을 보존하고 전수하는 전수관이 마련되어 있다. 중국에서는 경극이 대표적인 전통공연이다. 경극은 영화 <패왕별희>를 통해 전 세계적으로 알려져 있으며, 원나라 시기부터 서민들의 오락으로 널리 사랑받아 왔다. 일본의 가부키 역시 독특한 전통공연으로, 상인들 사이에서 상업적 흥행을 이루며 발전해 온 극이다.

문화의 속성

문화에는 여러 속성이 존재한다. 첫 번째 속성은 공유성이다. 이를 이해하기 위해 투우의 사례를 살펴볼 수 있다. 투우는 특정 문화에서 사회 구성원들이 공통적으로 가지는 행동과 사고방식의 한 예다. 그러나 투우를 접하지 않은 사람들은 투우가 어떤 의미를 가지고 있는지, 왜 행해지는지 이해하지 못할 수 있다. 공유성은 이처럼 특정문화 안에서 행동과 사고방식이 구성원 간에 공통적으로 전달되고 공유되는 것을 의미한다. 이러한 공유성을 이해하면 새로운 사회에 접했을 때 빠르게 적응할 수 있으며, 이는 타인의 행동을 예측하여 사회 유지에 기여한다.

두 번째 속성으로 문화는 학습성을 가진다. 이는 문화가 학습적인 사회화 과정을 통해 획득된다는 것을 의미한다. 시대적 환경에 따라 문화는 수정되고 보완되며, 축적된다. 예를 들어, 어린 아이들은 어른을 모방하며 사회적 행동을 배운다. 이러한 학습 과정을 통해 문화는 전승되고 지속된다.

세 번째 문화의 또 다른 속성은 변동성이다. 문화는 시간이 지나면서 변화하며, 새로운 특수성이 추가되고 기존의 특수성이 사라지기도 한다. 예를 들어, 모바일 기기의 등장과 함께 인간의 행동과 사고방식은 변화하기 시작했다. 인터넷의 등장은 이전과 이후의 삶에 큰 변화를 가져왔으며, 이러한 기술적 발전은 문화 변동의 대표적인 사례다. 변동성은 이처럼 새로운 기술이나 환경적 변화에 의해 문화가 지속적으로 변화하는 속성을 나타낸다.

네 번째로 문화는 축적성이라는 속성을 가지고 있다. 이는 문화가 세대를 거쳐 전달되면서 새로운 문화 내용들이 추가된다는 것을 의미한다. 예를 들어, 한글의 발전 과정을 보면 한글은 고유의 모음과 자음을 바탕으로 지속적으로 변화하고 발전해왔다. 특히, 한글의 축적성을 보여주는 사례로 아래한글 자판을 들 수 있다. 기존의 한글 체계가 기술적 도구인 자판 형태로 재구성되며, 새로운 방식으로 나타나는 것을 볼 수 있다.

마지막 문화의 속성인 문화의 총체성은 한 문화 현상을 단일한 요소로만 이해하는 것이 아니라, 다양한 측면과 연결하여 종합적으로 이해하는 것을 의미한다. 이를 설명하기 위해 휴대전화의 예를 들 수 있다. 휴대전화는 무선 인터넷, 온라인 게임 등 기술적인 측면뿐 아니라, 경제적인 측면에서도 중요한 역할을 한다. 동시에, 가족 간의 소통을 더 원활하게 만들어주는 도구로 작용하기도 한다. 실제로, 모바일 폰이 소통을 촉진한다는 광고를 쉽게 볼 수 있다. 또한, 휴대전화는 학습 방법의 획기적인 발전을 가져오며 교육 분야에도 큰 영향을 미쳤다. 이처럼 휴대전화는 기술, 경제, 소통, 교육 등 다양한 문화적 측면에 영향을 미치며, 여러 요소가 상호 연결되어 있음을 보여준다. 이러한 종합적 이해가 바로 문화의 총체성이다.

여기까지 문화의 다섯 가지 속성에 대해 살펴보았다. 문화의 다섯 가지 속성은 각각 문화라는 개념을 이해하는 데 있어 매우 중요한 요소이며, 서로 밀접하게 연결되어 있다. 일상생활에서 접하는 다양한 문화 현상들을 이러한 속성의 관점에서 생각해 보는 시간이 되기를 바란다.

문화의 요소와 공존

전통 혼례식은 요즘 서양식 결혼식이 대세임에도 불구하고 여전히 결혼의 한 부분으로 자리 잡고 있다. 요즘 현대 결혼식은 신랑 신부가 함께 입장하거나 주례 없이 진행되는 등 다양한 형식으로 변화하고 있다. 여자는 웨딩드레스를 입고, 남자는 턱시도나 정장을 입는 서양식 결혼이 일반적이다. 그러나 결혼식 이후 전통식 폐백을 드리는 모습은 여전히 유지되고 있다.

외국인들이 이러한 모습을 본다면, 문화적 공유성의 관점에서 이를 이해할 수 있을 것이며, 한국인들의 시각에서는 이러한 모습이 문화적 변동성이라 할 수 있고, 문화적인 측면에서는 축적성이다. 전통적 문화가 유지되면서도 새로운 양식과 결합되어 발전되는 축적으로 볼 수 있다.

앞에서 문화의 다섯 가지 속성을 봤는데 그 속성들이 흥미롭게도 한 속성에 연결된 것이 아니라 다양한 속성을 가지고 그 문화들을 관점에 따라 설명할 수 있다는 결론을 내릴 수 있다. 문화의 이러한 속성을 이해하는 이유는 우리가 문화를 더 분석적이고 비판적으로 접근하기 위함이다. 일반적인 시각에서 벗어나, 대학을 졸업한 지성인으로서 문화를 깊이 이해하고 설명하는 능력을 갖추는 것이 필요하다. 이는 단순히 문화를 이해하는 것을 넘어, 다양한 문화 현상을 꼼꼼히 관찰하고, 이를 문화인류학적 용어와 개념을 통해 설명할 수 있어야 한다.

문화는 물질적 요소와 비물질적 요소로 나뉘며, 이러한 구분은 문화를 이해하는 데 중요한 틀을 제공한다. 물질적 요소란 일상생활에서 사용하는 물건들을 포함하며, 주변에서 쉽게 발견할 수 있다. 예를 들어, 볼펜, 컴퓨터, 책상과 같은 사물이 물질적 요소에 해당한다. 반면, 비물질적 요소는 생각이나 관념과 같은 정신적 활동을 포함한다. 비물질적 요소는 크게 정신문화, 가치문화, 행위문화, 규범문화로 나눌 수 있다. 정신문화는 머릿속의 생각, 사상, 관념을 의미하며, 이러한 관념이 행동으로 표출될 때는 규범문화 또는 행위문화로 나타난다. 행위문화는 비물질적 요소 중에서 직접적으로 행동으로 표현되는 부분을 말한다. 문화의 이러한 요소들을 이해하면서, 문화를 창조하는 인간의 능력에 대해 생각해 볼 필요가 있다. 인간은 유인원에서 현재의 인류로 진화하는 과정에서 사회화와 밀접하게 연결된 문화 창조 능력을 발전시켜 왔다. 사회화와 문화 창조 능력은 별개의 문제가 아니라 상호 연관되어 있는 문제라는 점을 알아야 한다.

문화의 창조와 진화

인류학자들은 인간의 진화 과정과 관련된 몇 가지 흥미로운 관찰을 수행했다. 원숭이 무리들에 대한 연구에서 한 가지 사례가 주목받았다. 대부분의 원숭이는 흙이 묻은 고구마를 그대로 먹는 반면, 한 원숭이가 물가에 가서 고구마를 씻어서 먹는 행동을 보였다. 이는 무리 중에서 특정 원숭이가 혁신적인 행동을 보였다는 것을 나타낸다. 이러한 사례는 개별적인 혁신과 행동 양식을 설명하는 데 중요한 자료가 된다. 다른 인류학자들은 이러한 개별 행동뿐만 아니라 인류의 진화 과정에서 나타나는 보편적인 변화에도 주목했다. 그 중 하나는 직립보행이다. 직립보행은 인간 진화의 첫 번째 중요한 특징으로 여겨진다. 네발로 걷는 동물과 달리, 직립보행을 통해 손이 자유로워지며 새로운 능력을 발달시킬 수 있었다.

직립보행의 결과로 손이 자유로워지자, 인간은 도구를 들고 다니거나 무기를 제작할 수 있게 되었다. 도구와 무기의 발달은 인간이 생존과 번영을 위해 떼를 지어 집단생활을 하게 되는 계기가 되었다. 인간은 다른 동물들에 비해 신체적으로 약하기 때문에 집단을 이루어 협력하며 살아갈 수밖에 없었다. 이러한 집단생활은 사회의 형성과 밀접하게 연결되었다. 직립보행은 또한 환경에 적응하고 생존하기 위한 추가적인 변화로 이어졌다. 예를 들어, 동물의 습격을 피하거나 나무에 올라가려면 손이 필요했고, 동물들과 대항하기 위해 도구를 제작하게 되었다. 직립보행은 손이 자유롭게 됨으로써 정교한 도구를 제작하고 이용할 수 있게 되었다.

손놀림이 가능해지면 뇌와 연결된다는 점은 문화 창조 능력과 학습 능력을 설명하는 중요한 요소로 여겨진다. 독일의 유아학자들이 어린아이들에게 손을 많이 사용하도록 하는 이유 중 하나는 두뇌 개발을 촉진하기 위해서다. 이러한 손놀림은 학습 능력을 높이고, 정교한 상징을 사용할 수 있는 능력을 발전시키는 데 기여한다.

정교한 상징의 대표적인 예는 언어이다. 언어는 사회적 약속으로, 이를 통해 사람들은 서로 소통하고 문화를 공유한다. 예를 들어, 한국인이 한국어를 사용하는 것은 한국 문화의 공유성을 나타낸다. 언어와 같은 상징을 공유하는 것은 사회 구성원 간의 통합을 이루는 데 매우 중요한 역할을 한다. 또한, 상징은 한 사회를 다른 사회와 구별하는 특징으로 작용한다. 한국어를 사용하는 것은 한국인의 정체성을 나타내며, 다른 문화권과 구별되는 요소가 된다.

이러한 상징적 행위는 문화를 창조하고 계승하며, 전승하고 축적하는 데 중요한 역할을 한다. 인간의 문화 창조 능력은 직립보행, 학습 능력, 정교한 상징 행위와 같은 여러 요인에 의해 발전해왔다. 두뇌 용적의 증가 또한 이러한 문화 창조 능력을 강화시킨 요인으로 언급된다. 일부 학자들은 머리 크기가 작아지는 대신 두뇌 용적이 증가했다고 주장하기도 한다.

문화를 구성하는 요소는 물질적 요소와 비물질적 요소로 구분할 수 있다. 앞서 언급한 것처럼, 물질적 요소는 실체를 가지는 물건이나 도구를 포함하며, 비물질적 요소는 생각이나 가치, 규범 등을 포함한다. 이러한 요소를 세분화하면 다음과 같은 문화의 구성 요소로 나누어 봤을 때는 문화라는 것은 언어, 상징의 언어가 있고, 좀 더 고도의 가치를 지니고 있는 예술이 있다. 문화에서 빠질 수 없는 기술, 그 다음에 가치적인 측면들이 등장하며, 또 하나는 규범이다. 이러한 하나하나 요소들은 우리가 문화를 만들어내고 구성하는데 있어서 필수적인 요소로 등장한다.

문화의 여러 요소를 정리하며, 각각의 역할과 기능을 통해 문화가 공존에 기여하는 방식을 이해할 수 있다. 먼저, 기술은 새로운 것을 발명하고 발전시키는 데 중요한 역할을 한다. 기술은 문화 창조의 핵심적 요소로, 인간이 새로운 환경에 적응하고 생존하기 위한 도구를 제공한다. 예를 들어, 불과 도구의 발명은 원시인들이 동물들과의 생존 경쟁에서 우위를 점할 수 있도록 해주었다. 이러한 기술적 발전은 문화 창조의 기초가 되며, 자연재해를 극복하고 환경에 적응하는 데 중요한 기제로 작용한다. 예술은 문화를 전달하는 중요한 매개체로, 집단 구성원들의 심리적 욕구를 충족시키는 역할을 한다. 춤, 무용, 미술과 같은 예술 행위는 개인의 감정을 표현하고 집단의 결속을 강화하는 데 기여한다. 이러한 예술적 활동은 집단의 구성원들에게 심리적 만족감을 제공하며, 사회적 유대감을 형성하는 데 도움을 준다.

문화를 창조하는 데 있어서 중요한 요소 중 하나는 사회통합(social integration)이다. 사회통합은 공존을 실현하는 데 핵심적인 개념으로, 사회 구성원들이 동질성을 확보하며 질서를 유지하는 데 기여한다. 동질성은 공존의 기반이며, 사회 구성원들이 서로 공감할 수 있는 공통의 가치를 만들어 내는 것을 의미한다. 그러나 동질성은 다양성을 배제하는 것이 아니라, 다양성을 포괄하는 개념으로 이해되어야 한다. 동질성은 사회 구성원들이 공감할 수 있는 것들을 만들어 내는 것일 뿐, 다양성을 포괄해서 동질성을 확보한다는 것이다.

인간과 문화의 관계에 대해서 문화는 인간에 의해서 창조가 되며, 동시에 인간 사회에 영향을 미치며, 순환적 관계라고 본다. 즉, 문화는 인간에 의해 창조되지만, 인간 사회의 삶과 구조에 영향을 미치며, 다시 인간 삶을 통해 새로운 문화를 창조하게 된다. 그러나 문화의 다양성은 사회 내에서 갈등과 혼란을 야기할 수 있다. 그리고 이런 다양성들은 동질성 확보를 위해서 다양성을 인정하는 교육을 받아야 되는데, 이를 문화다양성교육이라고 한다. 그래서 우리는 이를 문화의 학습성 측면에서 이해할 수 있다. 이런 다양성으로 구성된 문화들 때문에 아노미 현상을 경험할 수 있다. 다시 말하면 문화가 다르다 보니까 자신의 문화가 열악하거나 다를 수 있다고 했을 때 갈등들이 심하게 나타날 수 있다. 그것은 개인의 아노미 현상이나 사회적 아노미 현상으로 나타날 수 있기 때문에 서로가 다양한 문화에 대한 교육을 받아야 한다.

이를 다문화교육 혹은 문화다양성교육이라고 한다. 그래서 우리사회에서 여러 가지 기능들이 있는데 전통적인 공동노동의 풍습인 품앗이를 예로 들수 있다. '품'이라는 것은 일을 한다는 의미고, '앗이'는 교환한다는 뜻이다. 사회적 상호작용에서 '교환'이라는 개념과 연결된다. 그런 측면에서 품앗이 자체가 공존을 나타내는 하나의 의미라고 볼 수 있다. 그런데 전통적인 품앗이는 현대적으로 계승돼서 다양한 방식으로 나타나고 있다. 대표적인 예가 육아 품앗이가 있다. 서로 아이들을 함께 돌보거나, 직장에 나가는 부모를 대신해 직장에 다니지 않는 분들이 대신해주는 육아 품앗이로 계승이 되고 있다. 그래서 사회에서 문화는 사회질서를 유지하거나 구성원 간 동질성을 확보하는데 중요한 사회통합적 역할을 한다는 점에서 의의를 가진다.

6

문화의 다양한 얼굴

문화에 대한 관점

우리사회에 나타나는 다양한 문화를 올바르게 이해하려면 과연 어떻게 할 것인가이다. 베트남이나 캄보디아에 여행이나 탐방을 가게 되면 수상가옥을 쉽게 볼 수 있다. 이런 집은 중·고등학교의 사회 교과서나 지리 교과서에서도 소개되곤 하는데, 직접 여행이나 탐방을 통해 보거나 배를 타고 이동하면서 실제로 마주할 수 있는 풍경이기도 하다. 그렇다면 왜 이 지역 사람들은 물 위에 집을 지었을까? 그 이유를 생각해 보자.

또 다른 예로써 중국에 한때 전족 풍습이 있었다. 중국의 전족 풍습이라는 것은 여자아이를 집에 두고 밖으로 못 나가게 하기 위하여 여성들은 집에 있어야 한다는 개념을 반영한 것이다. 전족을 위해 어린 시절부터 붕대나 작은 신발을 신겨 발의 성장을 억제했고, 그 결과 여성들은 발의 균형을 잃고 제대로 걷거나 뛸 수 없었다. 중국의 과거를 다룬 영화에서도 이러한 전족 풍습을 배경으로, 뒤뚱뒤뚱 걷는 여성들의 모습이 종종 묘사되곤 한다.

수상가옥은 자연환경과 밀접한 연관이 있다. 밀림에다 집을 지을 수 없어서 오히려 물 위에다 집을 짓는 것이다. 또한 전족 풍습은 사회문화적인 것으로 인해 나타난 것이고, 수상가옥은 자연환경적인 측면에서 나타나는 것이다. 이 두 사례는 우리 문화와는 상당히 다르다. 다르다고 해서 우리 문화와 차별성을 가지면

안 된다. 우리가 충분히 다양한 문화를 이해해야 한다는 것을 의미하고 있다.

문화의 다양성을 바라보는 데 있어 세 가지 관점이 존재한다. 첫 번째는 총체론적 관점이다. 우리는 문화의 요소로 학습성, 공유성, 축적성, 변동성, 전체성에 대해 배운 바 있다. 그중에 총체론적 관점과 관계되는 요소는 문화의 정체성이다. 이는 문화가 모든 사회를 구성하는 요소들과 밀접하게 맞닿아 있다고 보는 관점이다. 예를 들어 몽골에 천막같이 된 전통가옥 '게르'를 생각해 보자. 몽골 사람들이 왜 게르에 살며, 게르에서 그들은 삶을 어떻게 영위하는지를 봤을 때 단순히 자연환경이나 유목 생활 때문이라고만 생각해서는 안 되며, 게르가 가진 여러 장점, 예를 들어 이동이 용이하다는 특징 등을 포함해 다양한 측면을 종합적으로 살펴봐야 한다. 이를 총체론적 관점이라고 한다.

두 번째 관점은 상대론적 관점이다. 상대론적 관점은 문화의 특수성에 대한 것인데, 문화는 보편성과 다양성이 있는데, 문화의 다양성은 특수성에 의해서 나타난다고 본다. 상대론적 관점은 상대 문화의 특수성을 인정하고 문화를 자신이 속한 사회 맥락에서 이해하지 말고 그 해당 사회 맥락을 이해하자는 관점이다.

마지막으로 비교론적 관점의 전제는 "우리 문화는 우월하고 다른 문화는 열등하다"는 측면이 아니다. 우리 문화와 대조해서 보거나 서로 다른 문화를 비교하며 이해하려는 관점이다. 어떤 문화가 우수하다라는 평가를 유보하는 관점이다. 우리와 무엇이 '다른가'라는 관점으로 봐야 한다. 그 '다르다'를 상대적인 측면에서 봐야 한다는 것이다. 그것은 우열의 측면에서 보는 것이 아닌 어떤 문화를 타문화와의 상호비교를 통해서 이해하는 관점이다.

인류학자들이 가장 중요하게 여기는 개념 중 하나는 다양성이다. 이를 "낯선 곳에서 나를 만나다"라고 표현으로 설명한다. 우리 문화를 이해하기 위해서는 어떻게 해야 할까? 사실 문화속에 들어와 있을 때는 우리 문화가 어떤 문화인지 잘 모른다. 나를 객관적으로 보려면 거울을 비추어 보아야 한다. 낯선 해외에 나가게 되면 한국의 김치나 한국 친구들이 그리워지는 것처럼, 낯선 곳에서 나를 돌아볼 수 있게 된다. 이러한 측면에서 우리는 문화를 비교론적 관점에서 봐야 한다.

문화에 관한 태도

문화를 바라보는 세 가지 관점과 아울러서 우리는 문화를 향유하는 행동에도 몇 가지 패턴들이 있다. 먼저 문화사대주의는 특정 타문화를 숭상하며, 자기 문화의 고유한 가치를 낮게 평가하는 태도를 의미한다. 우리가 거리를 걸으며 보이는 간판이나 상표들이 대부분 영어로 작성되어 있는 경우를 볼 수 있다. 영어로 표현된 것들이 멋있고 있어 보인다고 여기는 것은 이해할 수 있지만, 이를 이유로 우리 문화를 낮게 평가하거나 무시하는 태도는 문제가 된다. 실제로 이러한 문화사대주의적 분위기는 여러 곳에서 관찰되며, 이는 문화를 바라보는 올바른 관점에서 지양해야 할 태도로 여겨진다.

다만, 문화사대주의를 무조건 부정적으로만 볼 수는 없다는 의견도 있다. 일부 학자들은 문화사대주의가 선진 문물을 받아들이는 데 기여할 수 있는 순기능이 있다고 평가한다. 그러나 이러한 태도는 자칫 자문화의 정체성을 상실하게 만드는 역기능을 초래할 우려도 있다는 점에서 주의가 필요하다.

문화사대주의와는 다른 측면에서 자문화중심주의도 존재한다. 자문화중심주의는 자기 문화를 우월하다고 내세우며 타문화를 평가절하하는 태도를 말한다. 문화사대주의가 "타문화는 무조건 좋고 우리 문화는 열등하다"라고 주장하는 것이라면, 자문화중심주의는 "내 문화는 최고이고 다른 문화는 형편없다"라고 주장한다. 여기에 차이점이 있다. 자문화중심주의의 대표적인 사례로는 나치의 사상, 인디언 배척론, 일제강점기 당시의 일제가 우리의 민속놀이를 금지하거나 창씨개명을 강요한 사례 등을 들 수 있다.

문화를 바라보는 데 있어 바람직한 관점은 바로 문화상대주의이다. 문화상대주의는 문화의 다양성과 상대성을 인정하며, 한 사회의 문화를 그 사회가 처한 환경과 역사적 맥락 속에서 이해하려는 태도를 의미한다. 문화상대주의는 앞서 언급된 총체론적 관점, 상대론적 관점, 비교론적 관점을 모두 포괄하는 관점으로, 특히 문화를 바라보는 상대론적 관점을 포괄하고 있다고 볼 수 있다.

극단적 문화상대주의

문화상대주의가 한 사회의 문화를 그 환경과 역사적 맥락에서 이해하는 것이라면, 식인 풍습이나 순장 제도에 대해 생각해 보자. 이러한 관습을 찬성해야 한다면 극단적 문화상대주의로 간주된다. 문화의 특수성과 다양성을 지나치게 강조한 나머지, 인류의 보편적 가치인 인간의 존엄성을 훼손하는 결과를 초래한다. 식인 풍습, 순장, 태형, 명예살인 등은 모두 인간의 존엄성을 파괴하는 것이다. 그러한 문화를 인정하려는 태도는 극단적 문화상대주의이고, 이는 공존을 이루기 위해 반드시 지양해야 할 관점이다. 구체적인 사례를 살펴보면, 명예살인 당한 소녀들의 모습들이 등장하고 있다. 명예살인은 가족의 명예를 손상시켰다는 이유로 여성들이 오빠나 아버지 같은 남성 가족 구성원에 의해 죽임을 당하는 경우를 말한다. 이는 이슬람 교리에 가문의 명예를 더럽힌 경우 죽음까지도 정당화할 수 있다는 해석이 있을지 모르지만, 이러한 비인간적인 행위는 결코 인정될 수 없다. 인간의 존엄성까지 파괴하면서까지 우리가 그 집단이나 종교의 다양성을 인정할 수 없다는 것이다.

라오스와 미얀마의 산지에서는 파동족이나 카렌족과 같은 민족이 목을 늘리는 전통을 가지고 있다. 이러한 전통은 민족의 풍습과 사회적 환경과 결합하여 나타나는 독특한 현상이다. 파동족 여인들이 목을 늘리는 이유에 대해서는 여러 학자가 다양한 해석을 내놓고 있다. 어떤 학자들은 목을 늘리는 행위를 여성들의 아름다움을 표현하는 방식으로 본다. 파동족 문화에서는 목에 링을 많이 넣어 길게 늘일수록 미인의 기준에 부합한다고 여겨진다고 한다. 이는 남성들이 만든 거짓된 하나의 관습이다. 남성들이 여성의 수적 우위와 맹수의 위협으로부터 여성을 보호하기 위해 고안된 장치라는 주장도 제기된다.

특히, 이 지역에는 맹수가 많아 여성들이 남성보다 더 쉽게 희생되는 상황이 발생했다고 한다. 맹수들은 목과 같은 신체의 취약한 부위를 공격 대상으로 삼는 경우가 많기 때문에, 남성들은 여성들의 목을 보호하기 위해 링을 사용한 장치를 고안했다고 설명된다. 목을 물렸을 때도 당하지 않게 하는 것이 바로 인류학자들의 해석이다. 현지에서는 여자들이 목이 길어야 미인이라는 것을 소문을 내서 목을 보호하기 위한 장치임에도 불구하고 여성들은 자신의 미를 나타내고 있다는 것이다. 이러한 현상이 어떤 문화의 흥미로운 하나의 일화라고 할 수 있다.

필자는 공존을 위해 다른 문화를 이해하는 방법에 대해 논의하면서, 문화상대주의적 입장에서 접근해야 한다는 점을 강조하였다. 이를 바탕으로, 각자가 공존을 이루기 위해 다른 문화를 어떻게 이해할 수 있을지 깊이 생각해 볼 필요가 있다. 우리가 해외여행을 하거나 낯선 환경에 접했을 때, "낯선 곳에서 나를 바라본다"라고 했을 때, 우리 문화를 낯선 곳에서 성찰할 수 있어야 한다. 다른 문화를 낯선 것으로 받아들이는 것이 아니라, 다른 것이나 낯선 것에 차이를 두거나, 차별할 것이 아니라, 다양성으로 받아들여야 한다. 공존하기 위해서는 다양성을 습득해야 하고 다양성을 받아들여야 할 것, 상대주의적 입장을 가지고 받아들이는 것이 핵심이다.

하위문화의 기능

비보이 공연 혹은 코스튬 플레이 등을 생각해보자. 이 두 문화 사례는 젊은 세대들이 궁금해 하고 호기심을 가지는 문화라고 볼 수 있다. 그렇지만 우리사회 전반적으로 여러 세대를 걸쳐서 이러한 문화들을 선호하지 않았다. 현대사회의 문화는 다양한 계층에서 변화해 오고 다양한 양상을 보여준다. 이런 문화들을 우리는 주류문화라고 얘기하지 않는다.

이 문화사례들은 많은 사람에 의해 선호되지는 않는다. 일부 마니아층에서 선호하는 문화이다. 그래서 우리는 이 문화들을 하위문화라고 이야기한다. 주류문화의 경우 대부분 사람이 즐거워하고 향유하며 함께 만들어가는 문화이다. 그래서 하위문화는 이 주류문화와 구분이 되는 독특한 성격을 지니는 문화라고 한다. 이를 하위문화라고 하고, 그 예로서 지역문화, 세대문화가 이에 해당한다. 대학생문화, 청소년문화 등도 이 하위문화에 속한다고 볼 수 있다.

또한 요즘 대세인 '다문화' 이것도 현재는 하위문화라고 볼 수 있다. 그렇지만 이런 하위문화는 분명히 나름의 특성을 갖고는 있지만 어떤 사회에 전체적인 맥락을 지배하지는 못한다. 하위문화와 반대되는 개념은 전체문화이다. 전체문화는 한 사회의 구성원이 대부분 공유하는 문화라고 한다. 우리는 한국에 살고 있는 한국 사람이다. 한국 사람들은 우리끼리 공유하는 문화가 있다. 예를 들어서, 통치권을 지닌 시민은 민주주의 사회에서는 상당히 많은 영향력을 가지고 있다. 특히 우리나라의 광장문화, 촛불집회는 민주주의와 관련이 있다. 시민들이 광장에 나와 촛불집회 등의 평화적인 시위문화는 어느덧 한국의 민주주의 의례가 되었다. 이 광장문화는 어느 나라에서 갑자기 생긴 것은 아니다. 처음에 그런 문화들은 하위문화였다. 하위문화가 어떻게 많은 사람의 유행이 되었을까 생각하면 시민들의 참여 의식의 사회적 표현이라고 본다. 하위문화라도 다수 사람의 관심과 참여를 통해서 전체문화로 변화될 수 있음을 보여 준다.

예전에 광장은 어땠을까? 박정희, 전두환 독재 시대에 광장은 모이지 못하는 곳이었다. 2002년 월드컵 때 광장은 시민들에게 응원을 이유로 열리게 되었다. 원래 광장은 모이는 기능을 갖고 만들어진 것이다. 지금 광장은 사람들이 모여서 서로가 참여하고 무엇인가를 모색할 수 있는 장소로 변화했다. 각 개인이 가지고 있는 감정이라든가 생각들을 함께 공유하고 표출하는 통로가 되었다.

공유성이라는 것으로 하위문화와 전체문화를 연결지어 생각할 수 있다. 하위문화가 어떤 계층이나 집단에 공유하고 있는 반면에 전체문화는 모든 사회의 구성원들이, 대부분이 공유하는 문화라고 이해할 수 있다. 주류문화의 틀에서 채워질 수 없는 욕구를 충족해주는 것은 하위문화의 특성이라고 할 수 있다. 많은 사람이 하위문화를 공유하면서 주류문화가 될 수 있지만, 그렇게 주류문화가 될 경우에 문화는 획일화될 수도 있다. 그래서 또다시 하위문화를 나타나게 되는 것이다. 하위문화가 지니는 의의는 무엇일까? 문화의 획일화를 방지하고 주류문화의 반동 세력이 되기도 하고, 활력을 넣을 수도 있다. 또한, 어떤 특정한 사회집단의 결속력을 강화할 수 있는 역할을 가지는 것이다.

그래서 이러한 하위문화가 지나치게 발달한 경우에는 사회통합을 저해할 수 있는 요소가 될 수 있다. 우리가 사회통합이라는 용어를 깊게 생각하고 논의를 더 해야 하는 부분이 있다. 그러나 사회통합을 문화적으로 한정한다면 문화의 공유성이 확대되는 사회가 사회통합의 경향을 나타낸다고 할 수 있다.[5)]

전체문화와 하위문화

대부분이 공유하는 문화를 우리가 전체문화라고 한다면, 전체문화를 대비하는 그 문화적 개념으로서 우리가 하위문화라고 한다. 하위문화는 그 예로써, 지역문화가 있었다. 지역문화가 어떤 것일까? 특정 지역에서 일어나는 문화 현상을 말한다. 지역문화는 현대문화와 단절되는 것이 아니다. 연속성을 가진 문화로 보존하고 발전시켜야 할 수가 있다. 그래서 지역문화라면 우리가 특별히 얘기할 수 있는 것 중 하나가 지역의 축제들, 안동의 탈춤이나, 보령의 머드축제와 관련지어 지역문화를 이야기했다. 어떤 지역을 생각할 때, 그 지역의 문화정체성을 구성하는 것들을 생각하면 잘 이해할 수 있다.

---

5) 사회통합은 서로 다른 다양한 사람들로 모여있는 사회의 구성원들이 정체성을 갖도록 통합하는 일이다. 사회통합이 되지 않으면, 냉전과 갈등이 사회의 난동과 소동으로 나타나게 된다. 우리 사회는 가파르게 세계화가 진행되어 상품을 비롯하여 사람과 문화까지 국경을 넘나드는 경향이 점점 빨라지고 있다. 이런 맥락에서 인종, 종교, 문화적인 갈등과 대립을 막고 문화 다양성을 보살피고 돌보는 일이 필요하다.

세대문화에 대해 이야기를 하면 세대문화의 정보가 필요하다. 세대는 특정한 역사적 경험을 공유하거나 사고방식과 생활양식이 비슷한 일정 범위의 연령층, 우리는 한 세대라고 말한다. 여러분은 부모님의 대화와 여러분들의 대화가 굉장히 구분되어 있을 것이다. 어떻게 보면 단정되어 있기도 하고, 여러분과 부모님이 사용하는 언어라든가 생활의 방식이라든가, 이런 것들이 어떠한가? 집안에서 공유하고 소통하는 데 큰 문제가 없겠지만 대부분 여러분이 가지고 있는 생활양식과 사고방식이 부모님과 잘 맞지 않은 부분이 있으며 구별이 된다. 세대문화가 왜 발생하느냐, 그중에서 변화되는 사회적, 문화적 상황과 변화에 따라 다른 세대 간의 문화적 이질감을 유발하게 되는 것이다. 그래서 세대문화가 발생하게 되는 것이다. 세대문화에서 가장 큰 범위를 찾을 수 있는 것들을 청소년문화라고 이야기한다. 물론 대학생들은 대학생 문화라고 할 수 있을 것이다.

청소년문화와 반문화

청소년문화가 가지고 있는 몇 가지 특성이 있다. 물론 우리는 청소년문화가 미래지향적이고 변화지향적이라는 표현을 한다. 반면에 소비적인 속성을 가지고 있는 부정적인 평가도 받고 있다. 청소년들은 대중문화 전반에 미치는 영향력이 증대되었다. 그 이유는 대중문화를 만들어내고 대중문화에 참여하는 대부분, 그 세대의 문화 주류 바로 청소년들이 있기 때문이다. 그래서 우리는 "청소년들은 나라의 미래다"라고 한다. 청소년기에 어떤 생각을 가지고, 어떤 활동을 하고, 어떤 나눔을 하고, 어떤 책을 읽고, 어떤 경험에 따라서, 그 청소년들의 미래가 결정된다고 본다.

"앞으로 나는 어떻게 되는가?"란 질문에 잠시 숙연해 보자. 기성세대가 되었을 때 그 사회를 책임질 수 있는 가장 중요한 세대라고 할 수 있다. 그래서 어떤 국가나 나라는 교육을 통해서 청소년문화를 굉장히 긍정적으로, 그리고 발전적이며 미래지향적으로 노력하고 있다는 것을 볼 수 있다. 그래서 학교 같은 경우도, 청소년문화가 엄청나게 큰 영향력을 미치고 있는 하나의 요소가 된다.

이제 하위문화에서의 큰 속성을 가지고 있는 반문화를 살펴보자. 이것의 발음을 잘해야 한다. 이게 반문화라고 "ㄴ"이라고 해야 하는데 어떤 사람은 "밤문화"라고 한다. 발음을 "ㅁ"으로 하게 되면 "밤문화"이다. 이러면 놀고 마시고 흥청망청한다고 생각하는 사람들이 많다. 어른들에게 밤문화는 과연 어떤 의미일까? 여러분들에게 밤문화는 어떤 의미일까? 그런데 "ㅁ" 받침이 들어 있는 밤문화가 아니라 반문화라고 하면 그 이해가 달라진다. 반문화라는 것은 "문화가 어떤 반항하는..."하는 어감을 갖게 한다.

이렇게 생각하면 반문화를 대항문화라고도 말한다. 그러면 이 반문화는 그 사회의 지배적인 문화에 어느 집단의 문화가 정면으로 반대하거나 또 가치가 대립될 때 일반적인 하위문화와 구분하기 위하여 사용한다.

반문화와 대중문화

하위문화는 여러 계층으로 구성되지만, 상당히 그 사회의 어떤 지배적인 주류문화에 정면으로 대치한다. 그것을 일반적인 하위문화와 구분해서 우리가 반문화라고 한다. 한번 히피문화를 생각해 보자. 1960년대를 중심으로 해서 미국에서 히피들이 활동을 하였다. 그러면 히피문화라든가, 또한 비행 청소년문화라든가 또는 과격한 여성 해방 운동가, 페미니스트들의 모임 같은 것들을 우리는 전체적으로 반문화라고 한다. 이런 반문화는 흥미로운 기능을 유발한다.

반문화가 어떤 기능을 하고 있냐면, 지배문화의 구조하에 있는 우리에게 새로운 혁신과 혁명의 생각을 갖게할 수 있다.

아주 탄탄한 지배문화가 있다고 가정하자. 이 지배문화가 긍정적인 측면도 있지만 획일적인 문화라는 부정적인 의미도 가질 수 있다. 그런 지배문화의 구조에서 동료를 만들게 하거나 혹은 변동을 유도하여 새로운 문화의 형성을 계기로 삼는 그런 특징도 가지고 있다. 히피문화 같은 경우에도 당시 히피가 어떻게 생활했을까? 같이 모여서 반핵운동도 했지만, 예를 들어 마약, 술을 하는 등의 부정적인 측면도 있다. 그렇지만 이 사람들이 모여서 평화운동 즉, 반전, 반핵운동을 하였다. 이러한 긍정적인 측면도 보여준다. 베트남 전쟁 때 거리에서 반전 운동도 히피들이 하지 않았나? 그러면서 전쟁을 주도하고 있는 미국의 주류계층에 대한 신선한 충격을 던져줬던 기능도 히피문화에 의해서였다. 이렇듯 반문화가 갖고 있는 긍정적인 측면이 있다. 이런 것들을 가만히 보면 문화 내에서도 어떤 문화를 이끌어가고 있는 주류적인 측면이 있는가 하면, 그 문화하고 반대되는 어떤 문화가 있다. 이를 하위문화라고 한다. 또한, 전체적인 문화가 발전하고 진보하는 데 반문화는 말 그대로 공존기여자이다. 전체문화와 하위문화에 관한 내용을 보면 문화 스스로도 공존하고 있다는 사실을 알아야 한다.

우리는 대중문화라는 이야기를 많이 들어봤을 것이다. 많은 교양 강좌에서도 대중문화를 얘기한다. 대중문화는 산업사회 이후에 대중(mass)의 개념이 등장하기 시작하면서 함께 출현했다. 대중문화란 대중이 생산하는 유무형 문화 모두를 지칭한다. 이런 대중문화가 생겨나는 건 무엇 때문인가? 예전에 매체는 소수의 사람들이 가졌다면 이제 매체는 대중적이 되었다. 아주 저렴한 비용으로 모든 사람이 대중매체를 소유하거나 대중매체에 근접할 수 있게 된다. 대중매체의 발달로 문화가 이제 대중들에게 쉽고 빠르게 전달되고 있으며, 인터넷 발명으로 대중문화가 점차 더욱더 확산이 빠르게 되고 보급이 빠르게 되었다. 이러한 대중매체의 가속화가 유행의 변동주기가 짧아지면서 대중문화가 굉장히 빠른 속도로 발전하기도 하고 변화하기도 한다는 것이다.

이러한 대중문화는 부정적, 긍정적인 두 가지 특성을 가지고 있다. 부정적인 특성은 대량 생산과 대량 소비를 하게 되고 과도한 상업성으로 인해서 선정적이고도 폭력적이고 자극적인 콘텐츠가 포함될 수 있다. 뿐만 아니라 문화가 상업적으로 되면서 획일화되어서 대중들이 가지고 있는 다양한 주체성을 상실할 수 있는 부정적인 특성도 가진다. 반면에 대중문화가 가지고 있는 긍정적인 측면들도 있다. 대중들에게 다양한 지식과 정보 또 우리에게 휴식과 오락의 기회를 제공할 수 있다는 것, 또 고급문화 향유의 기회를 값싸게 대중들에게 확산하고 있다는 것, 또 전체적으로 문화의 보급에 기여하는 가능성을 가질 수 있다고 본다.

7
문화변동과 한국문화

발견과 발명

최근 누군가에게 편지 글을 쓰거나 편지를 받은 경험이 있는가? 편지를 잃어버린 세대가 되었다. 한때 편지는 그리운 대상에게 소식 묻는 수단이었던 적이 있다. 대학 안에 우체국이 존재했고 우체통이 있었다. 편지를 넣으면 왔다 갔다 일주일 이상 걸렸다. 어떤 이가 사랑 고백을 밤새 글로 쭉 써서 우체통에 넣고 그 답이 돌아올 때까지 일주일이 걸린다. 그동안 그 아름다운 상상 속에 있을 수 있다. 불행하게도 답이 안 오면 급실망하기도 하지만 말이다. 그런데 지금은 어떤가? 메신저라든가 카톡을 통해서 굉장히 빠른 속도로 자기 마음과 생각이 상대방에게 소통된다. 실제로 어떤 관계가 빨리 진전되긴 하지만 상당히 빠른 시간에 그 관계가 소멸되기도 한다.

편지를 글로 쓰는 경우와 스마트폰으로 글을 작성하고 전달하는 경우의 차이가 우리 삶의 전반에 거쳐서 일어나는 삶의 인식이라든가 태도라든가 세계관까지 달라질 수도 있다는 것을 이해하는가. 그러기 때문에 이런 변화들이 우리의 삶, 우리가 공존할 수 있는 조건들과 공존의 맥락들을 새롭게 구성하고 있다는 사실을 인식할 필요가 있다.

문화가 지닌 속성은 사회 구성원들의 행위와 해당 사회의 맥락에 따라 변화한다. 이를 문화변동이라고 한다. 문화변동은 내재적 변동과 외재적 변동으로 구분할 수 있는데, 전자의 경우 발견과 발명에 의한다. 발견이라는 것은 이미 존재하고 있지만, 세상에 알려져 있지 않은 것을 찾아내는 것을 말한다. 다시 말해 발견은 발견 행위자가 존재하기도 전에, 그 대상이 별도로 존재하고 있었던 것을 찾아내는 것이다.

발명은 기존의 물질적 혹은 비물질적 요소들을 조합하거나 변경하여 새로운 것을 창조하는 것을 말한다. 발명 행위자가 어떤 대상을 창조하기 이전에 그 대상은 세상에 존재하지 않았다. 그래서 발명 행위자가 새로운 것을 만들어 내는 것을 발명이라고 한다. 그런데 이 발견과 발명이 기술적 측면이 아니라 문화적 측면, 특히 인문학의 영역에서 봤을 때는 굉장히 사회변동을 추동시키는 원인을 제공한다.

문화전파와 실크로드

이런 내부적인 문화변동의 원인 말고 우리사회 내부가 아니라 다른 데에서 들어오는 문화변동의 원인으로 문화전파가 있다. 문화의 발전, 문화전파에 의해 나타난다고 할 수 있는데, 한 사회의 문화 요소가 다른 사회에 전해져서 그 사회의 문화에 정착되는 현상을 우리는 문화전파라고 한다. 그런 문화전파가 실제로 몇 가지 유형을 가지고 구별되어 있다.

첫 번째는 직접 전파이다. 사람의 직접적인 접촉에 의해서 전달되는 것을 직접 전파라고 한다. 이렇게 사회 구성원들이 무얼 가지고 사회를 직접 변화시키는 것을 직접 전파라고 말한다. 이와 달리 TV, 인터넷 등의 매체를 통해서 전파되는 것을 간접 전파라 한다. 이를테면, 한류의 경우 전 세계에 한국문화를 매체를 통해 전하는 측면에서 간접 전파의 측면이 있다. 한류 때문에 한국어를 배우고 한국으로 유학하러 온 사람들도 많다. 그것은 간접 전파가 우선 일어나고 이후 직접 전파로 연결되는 것이다.

자극 전파는 타문화로부터 아이디어를 얻어서 새로운 문화 요소가 발명되는 것이다. 그런 예로, 지금 한자가 우리 동아시아 지역에서 넓게 퍼져 있다. 한자 문화권이라고 하는 데 우리나라도 지금 세종대왕이 창조하신 한글로 소통하고 있지만, 한문도 일부 병행하여 쓰고 있다. 지금 한문을 정자로 쓰고 있는 나라가 우리나라뿐이다. 중국도 이미 간자체로 바꾸고, 일본도 히라가라와 카타카나로 변화하여 사용한다. 한자의 원형에서 아이디어를 얻어서 새롭게 자신의 글자로 변화시키는 것도 자극 전파의 예이다.

문화전파에 대해 역사적으로 봤을 땐 실크로드의 예를 많이 말한다. 실크로드는 서양의 문물과 동양의 문물이 교환되었던 루트를 이르는 말이다. 서양과 동양이 만나는 곳이 중앙아시아인데 이 지역의 박물관과 유적에서 동서 문화교류의 흔적들을 발견할 수 있다. 이를테면 아프라시압 벽화(Afrasiab Painting)에 등장하는 고구려 사신의 모습에서 고대사회에서의 동서교류를 가늠해 볼 수 있는 흔적이다. 아프라시압 궁전 벽화는 스키타이-소그드의 대표적인 예술 유적으로, 1965년에 우즈베키스탄의 옛 도시인 사마르칸트 지역에서 발굴되었다. 완성된 시기는 7세기 중반으로 추정된다. 서쪽 벽화 중앙부에서 고구려 사신이 발견되어 한국에서 화제가 되었다. 벽화 속에서는 고구려인 두 명을 찾을 수 있는데 이는 국내 학계의 주목을 받았다. 고구려 고유의 복식으로 새의 깃으로 장식한 모자인 조우관(鳥羽冠)을 쓰고 둥근 고리가 달린 큰 칼인 환두대도(環頭大刀)를 찬 모습이 보인다.

또 다른 예로 경주 국립박물관에 가면, 공작새의 털로 만든 장신구들이 있다. 사실 당시 우리나라에서는 공작새가 서식하지 않았다. 이것 역시 실크로드를 통한 문화교류의 결과물이라고 보는 의견이 있다. 실크로드를 연구하는 학자 중에서 경주가 실크로드의 끝이자 시작이며, 고대 동서 문화교류의 터미널이라고 말한다. 물론 경주가 끝이 아닐 수도 있다. 여기서 일본으로 문화교류가 이어졌다고 주장하는 연구도 있다.

실크로드는 문화 요소들이 일방적인 측면에서 전파된 것이 아니라 서로 교류를 하고 있다는 데 방점을 둔다. 그래서 우리는 이 문화전파의 통로로 실크로드를 가장 많이 사례로 든다. 이 실크로드에 따라서 담배나 차가 동양에서 서양으로 건너가서 서양에서 다시 정제되어 다시 동양 쪽으로 오는 교류가 있었다. 중요한 것은 이런 물건의 교류가, 물건만 있는 교류뿐만 아니라, 물건을 교류하면서, 사람도 교류되었다. 아울러 종교도 교류한 흔적이 있다. 이를테면, 불교는 인도에서 중국과 일본으로 전파되었고, 기독교는 십자군 전쟁을 통해 서쪽에서 동쪽으로 퍼졌다. 이러한 종교적 교류는 문화와 사회를 깊이 변화시켰다.

사람의 인식이라든가 세계관이라든가 문화전파의 과정과 결과에 따라 변화하는 것이다. 최근 필자는 초국적 이주자들에 대해 관심이 많다. 고대 국가는 국경선이 없었고 지금처럼 교통 통신도 발달하지 못했다. 19세기 서구열강의 식민지 정책으로 인해 국민국가의 개념이 들어서고 국경이 성립되고 이를 통과할 수 있는 사증(VISA) 제도가 성립하였다. 이런 제도들이 생겨나면서 외국에서 들어오는 사람들이 법적 및 제도적 제재를 받는다. 고대 국가에서는 법적·제도적으로 이동을 제한하지 않았다. 그럼에도 지금과 같은 활발한 국제교류가 이루어졌다고 판단한다. 이런 고대 교류사를 보면 상당히 많이 자유로운 움직임이 나타난다. 이런 것들이 이런 문화전파를 통해서 세계와 문화가 변동되고 있다. 전쟁도 이런 문화전파의 중요한 역할을 하고 있다.

문화변동과 문화접변

문화변동과 문화접변은 연관성이 크다. 문화변동이라는 것은 문화가 전파되어 일어나고, 문화접변은 말 그대로 문화가 접촉하여 변동하는 것을 말한다. 이런 문화접변에 몇 가지 유형이 있다. 첫 번째는 강제적 문화접변인데, 이것은 일제 시대의 같은 경우, 서양의 열강들이 아시아나 아프리카를 침해해서 무력에 의한 정복을 하여 식민 통치를 한다. 한 문화 체계에 강제적인 외부적 힘에 의해 문화변동이 일어나는 것을 강제적 문화접변이라고 한다. 강제적 문화접변은 기존의 사회가 가지고 있는 문화를 강제적으로 변화를 시키는 적절한 수단이 될 수도 있다. 그러나 특정한 방향의 문화로 전환하는 데 발생할 수 있는 문제들이 제기될 수 있다. 이에 반해 자발적 문화접변은 문화 조직 내 구성원들이 새로운 문화 요소의 효율성을 스스로 판단하여 받아들이는 것이다. 이런 자발적 문화접변은 민주주의 가치와 연결된다.

문화변동의 결과로 나타나는 네 가지 유형들이 있다. 첫 번째는 문화의 공존이다. 문화공존은 상당히 이상적인 문화변동의 결과라고 볼 수 있다. 이는 두 문화가 고유한 성격을 잊지 않고 함께 존재하는 것이다. 예를 들어, 예전에 한국의 가정에는 침대 문화가 없었고, 구들장을 통한 난방 시설을 활용했다. 그러면 우리 사회가 변화하여 침대 문화만 이루어지지 않았다. 구들장 문화와 침대 문화가 공존하고 있다는 것이다.

두 번째 유형은 문화저항이다. 문화저항은 새로운 문화가 유입되었을 때, 새로운 문화가 기존 문화로부터 저항을 받는다. 이렇게 어떤 저항이 지속적으로 일어나면서 복고 운동이 일어나는 데 이를 문화저항이라고 말한다. 세 번째 유형은 문화동화이다. 동화는 문화접촉으로 인해 한 문화가 다른 문화에 합쳐지거나 해체되거나 소멸되는 경우를 말한다. 네 번째 유형은 문화융합이다. 두 문화의 접촉으로 새로운 제3의 문화가 탄생하는 경우를 말한다. 우리는 다양한 문화들을 접하고 있으며, 우리사회에서는 이런 문화들이 변화하고 있다. 이런 문화의 변동은 문화의 변동성과 관련이 있다.

문화변동의 문제와 대처 방안

문화변동을 쉽게 이해하기 위해 몇 가지 사례를 제시해 본다. 다이어트 열풍 및 몸 가꾸기와 고속철도 KTX를 생각해 보자. 요즘에는 웬만한 아파트 상가에는 헬스장이 없는 곳이 없다. 그리고 예전에는 비둘기호, 통일호, 새마을호 등이 있었다면, 지금은 KTX나 ITX처럼 기차의 이름뿐만 아니라 이름도 세련되었다. 상당히 빠른 속도로 움직이는 교통수단이 나타났다. 고도의 교통시설은 생활을 편리하게 해 준다. 고속철도가 이동의 편리함을 주는 반면 비용이 높아진 것이다. 이동하는 시간은 짧아진 대신에 이동을 위한 비용은 상승되었다.

다이어트 열풍 및 몸 가꾸기도 다 마찬가지이다. 사람이 먹을 수 있는 어느 정도의 칼로리 내지 섭취할 수 있는 칼로리보다 과도하게 섭취했을 경우에 사람은 비만이 된다. 식당에서는 새로운 메뉴들이 개발되고, 사람들의 식욕을 돋우는 음식에 관련된 프로그램들이 있다. 우리들에게 맹목적으로 먹기를 강요하고 있는 것이다. 그런데 또 먹는 것뿐만 아니라 살을 빼야 하는 이중적인 과제가 존재한다. 그러니까 우리가 앞선 두 가지 사례 고속철도와 다이어트 열풍 및 몸 가꾸기 측면에서 봤을 때, 문화의 변동들이 우리의 삶에 많은 도움을 주는 것 혹은 우리에게 꼭 이익만 가져다주지 않는다는 것을 인식할 수 있다.

현대사회의 문화변동 양상의 특징은 아주 대단히 빠른 속도로 진행된다는 사실이다. 기존의 변동의 속도보다 배가 되는 속도로 빨라진다. 그래서 이런 문화변동을 제대로 못 따라가는 세대들이 등장하기 시작한다. 뿐만 아니라 항공기 인터넷 등, 어떤 교통과 통신의 발달로 세계가 하나의 지구, 즉 지구촌화되었다. 전 지구화 현상으로 통합되고 있다. 이런 세계화는 장점도 있지만 문제점들도 존재한다. 세계화라는 미명 아래에 사람들의 다양성이 파괴될 수 있다. 어떤 민족이, 어떤 국가가 가지고 있는 다양성을 해치고, 다양한 문화가 획일화가 될 수 있는 가능성이 농후하다.

문화변동의 문제들을 짚어보면 첫 번째로 문화지체 현상을 들 수 있다. 이 문화지체 현상은 그 어떤 사회에서 문화가 상당히 많은 측면으로 발전되었지만 그 사회 구성원이 못 따라가는 경우가 있다. 예를 들어서, 우리가 스마트폰이 상당히 많은 속도로 빠른 속도로 발전하고 있지만 스마트폰을 쓰고 있는 사용자들이 공중 생활의 예절을 지키지 않은 경우가 있다. 이를 네티켓이라고 말하기도 하는데 이런 문명의 발전에 생활 태도가 따라가지 못하는 것이 바로 문화지체이다. 다시 말해 기술이 테크놀로지가 발달하는 데 있어서 인간의 인식이나 예절이 못 따라가는 것을 문화지체 현상이라고 한다. 이와 달리 기술이 빨리 발전되는데 사회 구성원이 그 기술을 못 따라가는 경우가 있다. 인터넷의 발전 속도를 못 따라가는 노인층들이 계속 꾸준히 교육을 받게 된다. 이를 재사회화라고 말하지만, 기술지체 현상이라고 말한다. 그러니까 문화지체 현상은 어떤 기계 테크놀로지가 이렇게 발전되는데 우리의 어떤 태도라든가 생활이라든가 예절이 거기에 따라가지 못하는 것을 말하며, 기술지체 현상은 테크놀로지가 발전되는데 그 기술을 사회 구성원이 못 따라가는 것이다. 문화지체든 기술지체든 그 문제는 문화가 급속하게 변동하면서 일어난다. 이런 현상들이 우리사회의 공존을 해치는 요소가 될 수 있다. 물론 사회 구성원 개인의 어떤 능력이 부족해서 못 따라가는 면도 있겠지만, 제도적으로 교육이나 훈련이 이루어지지 않아 생길 수 있는 현상이기도 하다. 그런데 지체를 경험하는 사회 구성원 개개인이 모이게 되면 해당 사회는 사회정체성에 혼란이 야기될 수 있다는 점을 견지해야 한다.

지체 현상을 극복하려면

문화지체를 어떻게 대비해야 될까? 인터넷 사용 등의 예절교육을 통해 유저들의 의식을 고취시키는 것이다. 그러면 요즘의 학생들은 학교에서 인터넷이나 스마트폰을 이용하는데 예절 교육을 시킨다. 뿐만 아니라 흔히 미디어교육(media education)을 제공한다. 미디어를 사용할 때 그 미디어로부터 어떤 방식으로 미디어를 읽고 사용할 것인가를 흔히 '미디어 리터러시'라고 말한다. 미디어 리터러시는 미디어 읽고 쓸 줄 아는 역량을 함양하는 교육이다. 사용하는 그 미디어 속에 나타나고 있는 의미를 알아내고, 미디어를 올바르게 사용하고 미디어를 통해서 창의력을 기르는 방법, 미디어를 비판적으로 바라보는 방법들을 가르치는 것이다. 이는 문화지체를 벗어날 수 있는 중요한 교육 방법이다.

기술지체 경우도 마찬가지다. 새로운 문화 도입에도 새로운 기계 도입에도 새로운 테크놀로지를 도입에 대해서 이를 지원할 수 있는 기술 및 기술 체계 구축하는 것이다. 이 경우는 평생 교육기관에서 기술지체가 나타나는 사람들에게 무료 혹은 저렴한 비용을 통한 교육을 시키는 것이다. 북한이탈주민의 경우 기술지체가 나타나는 경우가 있다. 남한에서 사용하는 생활세계의 도구들을 북한에서 경험하지 못했기 때문에 나타나는 지체 현상이다. 북한이탈주민들이 처음 접해 보는 도구의 사용이 호기심이 아니라 두려움으로 올 경우가 있다. 이는 기계 사용의 유무를 넘어 부적응 상황을 야기할 수 있다. 그래서 교육비 지원을 통해 특정한 기계에 대한 활용 교육을 시키는 사례들도 볼 수 있다. 이런 지체 현상들은 문화정체성 혼란을 야기한다. 이 경우 본인의 문화와 상이한 문화에 대한 이해가 선행되어야 한다. 그리고 다른 문화를 받아들임에 있어서 기존의 자기 문화에 적합한 것을 취할 줄 아는 지혜를 길러야 한다. 이는 다른 문화를 비판적으로 수용하는 것을 의미한다.

지체로 인해 문화정체성의 혼란을 겪을 수 있다. 이때 어떠한 방식으로 이 혼란을 극복할 수 있을까 고민해야 한다. 그래서 자기 문화를 긍정적으로 우리가 바라보고 또 타문화를 비판적인 수준에서 취할 수 있는 그런 기준들 그런 의식들을 길러야 한다.

한국문화의 정체성

한국문화에 드러난 기본적인 정서들을 생각해 보면, 인류 보편적으로 가지고 있는 정서가 드러난다. 인류가 공통적으로 가지고 있는 정서와 감정들이 있다는 것이다. 그런 감정과 정서들이 미디어를 통해서, 또한 스크린이나 드라마를 통해서 그들의 마음은 움직이고 감동시킨다. 이는 우리 한국인들이 가지고 있는 정서가 이미 세계적인 것과 교류와 소통할 수 있는 장을 열어놓고 있다는 증거이다.

세계화가 진행되면서 이주노동자들의 증가가 두각을 나타낸다. 물론 우리가 단일한 사회에 공존하고 있고, 하나의 언어를 사용하고 있으며, 고유한 민족정체성을 잘 간직하고 있다. 그래서 다문화 사회에서 세계화가 우리에게 큰 단점이 될 수 있다. 하지만 역으로 우수한 전통문화가 세계 무대에 진출할 기회와 도전이 될 수 있다. 세계화는 한국문화가 세계화될 수 있는 아주 새로운 장을 펼칠 기회라고 생각한다. 이렇게 한국문화의 세계화는 한류(korea wave)부터 출발한다. 이 말은 한국의 파도 또는 한국의 물결로 번역되기도 한다. 한국 대중문화의 열풍이 전 세계적으로 뜨겁게 달아오르고 있다. 한류로 분류되는 대중문화 콘텐츠가 전 세계적으로 인기를 끄는 이유는 무엇일까? 첫 번째는 경쟁력 있는 소재의 확보이고, 두 번째는 인간의 보편적 감성을 자극한다는 것이다.

한국문화의 세계화에서 긍정적인 측면만 있는 것은 아니다. 한류의 열풍으로 일본사회에서는 혐한류 현상이 증가하고 있다. 한국을 싫어하는 관점을 가지고 있는 일부 단체들이 한류를 반대하고 있다. 한류는 또 다른 문화 열풍에서 찾아보기 어려운 팬덤들을 구성한다. 우리 문화에서 나타나는 신명과 힘이 어울림과 조화를 통해서 이루어는 것처럼, 이러한 현상은 자연스럽게 팬덤으로 나타난다. 이렇게 단순한 문화교류 현상을 넘어서, 문화 공동체를 형성하는 밑거름을 우리가 만들어내고 있다.

뿐만 아니라 우리 문화가 세계적으로 경쟁하면서 우리 문화콘텐츠가 다양해지며, 우리사회 역시도 문화적으로 다양해지는 한국사회가 되고 있다. 현재 우리사회에서 다문화 가족 구성원들이 점점 더 증가하고 다문화사회의 양상을 띠고 있다. 그래서 자칫하면 우리 문화가 다른 문화에 비해 우세하다는 편견을 가지고 있을지도 모른다. 그런데 그런 편견들은 바로 다문화사회의 통합을 저해할 수 있다. 우리 문화가 세계문화 수준으로 평가받고 있고, 세계적으로 인기를 받는 것처럼, 우리가 가지고 있는 그런 개방적인 자세를 우리나라에 입국한 이방인들과 함께 할 수 있어야 한다. 다른 나라의 문화를 그들의 입장에서 이해하는 문화상대주의적 태도를 가져야 한다는 것이다. 그래서 문화적 다양화 속에서, 우리가 한국인 또는 다문화인이라고 구분하지 않고 우리는 그들의 입장에서 이해하는 문화상대주의적 입장을 취해야 한다.

전통문화의 현대화

한국인이 갖고 있는 전통문화의 특성과 기능은 무엇일까? 먼저 우리는 농경 문화권의 생활 문화라고 평가한다. 필자는 북방식의 기마민족과 남방식의 농경문화가 혼합되어 한반도에 나타나고 있다고 본다. 마을이 형성되어 농경 문화권으로 접어들면서 구체적으로 민속적 풍습들이 나타나기 시작했다.

물론 전통문화에 대해서 구체적으로 언급하지 않았지만, 특히 문화재는 유형문화재와 무형문화재로 구분된다. 문화재에는 우리가 전통적으로 가지고 있는 건축들, 탈춤, 전통악기, 전통공예, 전통미술 등이 속한다. 이러한 전통문화들을 현대적으로 계승한다는 의미는 그대로 답습하는 것이 아니라, 현대에 맞춰서 계승하고 보존한다는 것을 뜻한다. 그 이유는 문화가 시간이 지나면 변화되기 때문이다. 다시 말하면 변동성을 가진다. 문화는 생산하고 지향하는 주체의 역할에 따라 문화의 발전 여부가 결정된다.

우리가 민족문화를 그대로 보존하느냐라는 측면에서, 민족문화의 원형을 잘 보존해야 하겠지만, 현대의 맥락에 맞춰서 발전할 필요는 있다. 그래서 전통문화와 가치의 본질을 파악하여, 이를 창조적으로 계승하여 현재의 문화 발전에 기여해야 된다고 생각한다. 우리나라에 문화콘텐츠 산업이 처음 도입되기 시작한 것은 노무현 정부 시기이다. 당시 참여정부 문화비전 정책 중 '3C'라는 목표가 있었다. 3C라는 것은 'Contents', 'Culture', 'Creativity'를 말한다. 이러한 3C에 대한 기본적인 개념들이 문화콘텐츠 산업을 활성화시켰다. 문화콘텐츠 산업이 활성화되면서 여러 가지 문화 소재들과 요소들이 드라마나 영화로 재생산된 사례가 많이 있다. 예를 들어, '왕의 남자'나 '조선 별순검'이 여기에 속한다. 각 지역의 문화들이 디지털로 콘텐츠화되면서 새로운 축제 또는 문화산업 콘텐츠로 재생산된다. 이런 측면에서 살펴보았을 때, 전통문화의 현대적 계승은 문화산업 발전에 매우 필요하다고 생각한다.

그렇다면 우리의 어떤 전통문화들이 지구촌의 문화적 다양성 구축에 공헌할 수 있을까? 우리나라는 전통문화와 현대문화가 공존한다. 우리가 전통문화를 고수할 것이 아니라, 물론 전통문화를 보존할 필요성도 있다. 또한, 이들을 세련되게 현대적으로 계승하여 문화산업과 연결하여 이익을 창출할 뿐만 아니라, 우리의 삶의 질을 높이는 방향으로 수용할 필요성이 있다.

그런데 이러한 전통문화의 현대적 계승은 조금 전에 언급한 것처럼 고비용이 들어가기도 하고, 위험도 많은 산업이라고 할 수 있다. 그렇지만 한국 정부에서는 2000년 이후, 여기에 제시된 '디지털 향토문화전자대전'을 통해 각 지역에 있는 다양한 향토문화들을 수집하여 콘텐츠화했다. GPS와 연결해서 지리정보 서비스까지도 제공하고 있다.

우리 민족에게 보이지 않는 샤머니즘 요소들이 일상생활에 상당히 녹아들어 있다. 신명, 흥, 음주가무가 우리 일상생활에서 저절로 나타나는 것이 아니라, 우리 선조들이 가지고 있던 샤머니즘의 형태 중 하나인 것이다. 다 같이 참여하고 함께 마시고 즐기는 축제처럼, 스스로 신명나서 참여하는 부분이 서로 연결이 된다. 그런 것들이 지금의 한류하고 무관하지 않다. 한류 자체도 다른 나라 사람들이 한국어 가사는 잘 모르지만, 음악의 리듬을 통해 감정적으로나 정서적으로도 동화되는 공감이 있다. 우리 민족이 지니고 있는 장점들 중 하나가 다른 사람들에게 공감을 불러일으키게 하는 요소가 많다는 것이다.

그런데 현대를 사는 우리는 왜 다른 사람들과의 공존에서 굉장히 어색한 느낌이 들까? 왜 그런 느낌이 드는지 곰곰이 생각해 볼 필요가 있다. 중요한 것은 우리 민족문화가 공감을 토대로 하는 공존 지향 문화라는 점을 인정하는 것이다. 위대하고 대단히 멋진 민족이라는 것을 이제는 알았기 때문에 개방적 자세로 다른 민족들을 포용하고 공존하면서 지속가능한 다문화사회를 열어가야 한다.

8
가족제도와 종교제도

사회제도의 개념

우리는 이미 인간이 한 사회 구성원이 되는 과정에 대해 사회화라는 개념을 통해 알아보았다. 이 사회화의 첫 번째 영역이 가정이며, 가정은 사회제도의 가장 작은 단위를 이룬다. 개인과 개인의 공존에서 가장 작은 사회가 가족이라고 볼 수 있는데, 가족에 대한 출발점은 결혼으로부터 시작된다. 그렇기에 결혼과 가족제도의 기능에 대하여 말해 보고, 종교제도를 설명할 것이다.

신행이라는 것을 아는 사람이 현대사회에서는 많지 않을 것이다. 예전 고려 시대에는 결혼을 장가라고 표현하였다. "시집가다"와 "장가가다"는 서로 대립한다. "시집가다"라는 것은 시댁에 가는 것을 말한다. 반면에 "장가가다"라는 것은 장인 집에 간다는 뜻이다. 그러다 보니, 신행이라는 것은 신랑이 신부의 집에 가는 것을 말한다. 지금의 혼인 풍습과는 사뭇 다르다.

결혼은 한 사회의 제도에 굉장히 중요한 역할을 하는 것이다. 지금은 어떠한가? 조선 시대만 해도 제도적으로 결혼을 하지 못한 그 남녀들에게 국가가 나서서 결혼 짝을 찾는 제도가 있었다. 그래서 여러분들이 이 혼인제도가 시대에 따라서 달라지는 것을 보고, 사회제도의 변화성을 가늠할 수 있다.

사회제도는 우리사회를 지배하는 역할과 관습화적 절차 및 규범의 체계를 말한다. 사회제도를 학문적으로 정의하면 어렵다.

우리사회를 지배하는 역할과 관습화적 절차라든가, 규범의 체계라고 말한다. 우리가 일상생활 속에서 우리가 흔히, 우리의 행위들이 우리의 사회에서 규정되거나 지배받거나 제도에서 관습화적 절차를 소개해 나가는 것을 우리가 모르는 경우가 많다. 실제로 그렇다. 이 사회제도라는 것은 하나의 관습화된 절차를 만든 규범의 체계인데, 하나의 단순한 것이 아니라 우리가 그림을 보듯이, 가족제도, 정치제도, 경제제도, 교육제도, 대중매체, 이런 것들이 그 사회제도를 구성하고 있는 요소들이다.

이런 제도들이 사회제도를 뒷받침하는 요소들이다. 그런데 이 제도를 바라보는 관점이 아주 상이한 관점들이 있다. 우리가 사회를 바라볼 때, 우리는 크게, 거시적 관점에서 기능론과 갈등론으로, 미시적 관점에는 상징적 상호작용론으로 본다고 말하였다. 그리고 최근에 들어서는 교환이론 측면으로 보는 관점도 있었다. 그래서 이 사회제도를 각각의 사회 관점에서 우리는 다르게 볼 수 있다는 것을 말하고 싶었다. 구체적인 것들을 좀 더 깊게 얘기해 본다면 사회제도가 개인적인 측면에서는, 예를 들어서, 의식주나 성과 같은 인간의 본능적 욕구를 충족시켜주는 수단이 되기도 한다. 동시에 사회적 상호작용을 위한 기준을 제공한다는 것이다.

사회적 상호작용이라는 것은 교환하고, 경쟁하고 협동하고 갈등하는 이런 네 가지 요소들을 얘기한다. 개인적인 측면에서는 이렇게 본능적 욕구를 충족시켜주는 수단이 되는 동시에 이런 사회적 상호작용을 위한 기준을 제공한다. 사회적인 측면에서는 어떤 사회가 반드시 요구하는 다양한 역할을 행함으로써 질서있고 안정적인 상황이 가능하며, 어떤 사회를 존속시키는데 굉장히 중요한 역할을 사회제도가 하고 있다. 아까 내가 사회제도에 대한 얘기 중에서 공유는 무엇일까? 교육제도가 있고, 결혼제도라든가 종교제도가 있든가 경제, 정치제도가 있다. 그런 제도들이 사회적인 측면에서 어떤 사회를 존속시키는데 굉장히 중요한 역할을 하고, 이를 통해서 사회제도가 유지된다는 것이다.

사회제도는 사회를 위한 순기능과 역기능을 동시에 가지고 있다. 사회적 순기능은 빈곤층의 생계를 보호하고, 국민의 삶의 질을 향상하고, 전 국민의 삶을 향상하는 측면으로 나타난다. 하지만 역기능으로는 빈곤층의 근로의욕을 저하시키는 것이다. 국가재정을 약화시키는 것도 사회 부조 혹은 사회 보장 제도가 함 몫을 차지한다. 예를 들면, 청년실업 수당의 경우 어떤 측면에서 청년들의 꿈을 키워준다는 면에서 순기능이 되지만, 어떤 경우에는 청년실업을 부추겨 국가 재정을 약화시키는 역기능이 된다.

사회제도의 특성

사회제도는 고정되어 있지 않다. 사회제도가 가지고 있는 특성 중 하나는 유동성을 가진다는 것이다. 특히 사회가 분화되고 국가들 간의 교류가 확대됨에 따라 점차 사회제도의 변화속도가 빨라지며 아주 복잡하고 다양한 양상을 보인다. 뿐만 아니라, 하나하나의 사회제도가 다른 제도에 변동성을 갖고 있다. 연쇄적으로 비교적 동시에 변화하기도 하는 것이다. 테크놀로지의 발달로 인간의 생명을 연장할 수 있는 반면에 환경을 파괴시킬 수 있는 경우가 많다.

첫 번째 정치제도를 한번 보자. 정치제도란 사회 구성원 및 집단 간 이해관계의 충돌이나 갈등을 조정하는 역할을 한다. 사회의 공존에서는 정치제도가 매우 중요한 역할을 하고 있다. 정치제도가 국민의 생활과 안정에 관한, 밀접한 관련이 있는 것이다. 우리나라에는 삼권분리 정치제도를 가지고 있다. 입법부의 국회, 행정부의 정부, 법을 적용하는 사법부가 있다. 이 삼권은 서로에 대해 견제 관계가 있고 그것은 우리 국민들, 즉 국가를 구성하는 그런 요소들이, 그 사회를 구성하는 시민들이 존재한다는 이야기를 하고 있다.

경제제도라는 것은 사회적 희소가치의 생산, 분배, 소비 방식을 제시하는 역할을 한다. 사회적으로 희소한 것들이 가치를 가지게 되고, 그것이 생산, 분배, 소비되는 어떤 방식을 통하는 것이다. 어떻게 생산하고, 어떻게 소비하는 것이 경제제도라고 말한다.

종교제도는 자연을 초월한 현상이나 절대적인 존재에 대한 믿음, 그와 관련된 조직적 체계를 의미한다. 어떤 교회에서 종교에서 사제가 되려면, 그런 절차에서 요구한 특별한 교육을 거쳐서 되는 것이다. 그 종교 집단으로 들어가기 위해서는 나름대로 절차가 있다. 이를 다 합쳐서 우리는 종교제도라고 한다. 종교에서는 삶의 방향을 제시하든가, 일정한 가치관을 형성하는데 아주 중요한 역할을 하고 있다. 이 종교제도는 교육제도나 정치제도와의 연관성을 많이 가지고 있다.

가족제도와 가족형태

결혼은 일생에서의 하나의 의례(ceremony)라고 말한다. 인류학에서는 통과의례 중 사례 즉 관, 혼, 상, 제에 대해 중요하게 생각한다. 그런데 가정을 이루는 전제 조건으로서 결혼, 즉 혼인이 가장 중요하다. 각각 혼자 있었던 사람들이 결혼을 통해서 가족을 만드는 것이다. 서로 다른 환경에서, 서로 다른 가족에서 성장한 두 남녀가 결혼이란 모멘트를 통해 가정을 이룬다. 다른 문화적 환경의 두 남녀가 같은 공간과 같은 제도 속에서 결혼이라는 것을 통해서 한 사람이 되는 것이다. 그래서 양가의 가족들은 두 사람을 통해서 애매한 '사돈' 관계로 엮어지는 것이다. 결혼이라는 것은 해당 두 남녀는 물론 가족 전체에게 중요한 역할을 갖고 있다.

결혼은 가족을 이루기 위한 남녀 간의 법적, 제도적 결합을 의미한다. 그러다 보니 사회에 따라서 일정한 규범과 절차가 있다. 뿐만 아니라 사회적 승인이 필요하다. 각 나라별로 법적 결혼을 할 수 있는 연령이 있다. 나라마다 다르지만, 사회적 지위와 역할 습득이 필요하고 가족 및 친족 관계를 형성할 수 있다는 것이다. 사람은 결혼을 통해서 사회적 지위와 역할이 달라진다. 이미 우리는 사회적 지위와 역할에 대해서 배웠다. 그걸 생각해 보면 결혼이라는 것을 통해서 사회적 지위, 즉, 남편과 아내, 부부 사이의 지위를 획득하고 체험한다. 가족제도 테두리 내에서 또한 부부 상호간 지켜야될 윤리와 역할을 습득해야 되고, 그럼으로써 남편과 아내의 역할을 수행한다.

가족제도는 결혼을 통해서 가족이 지닌 가치, 가족의 형성 방식, 가족 구성원들 간의 관계 등에 대한 사회적 규정 체제까지의 범위를 이루는 제도이다. 우리는 가족의 정의에 대해 일반적으로 혈연, 혼인, 입양의 관계로 맺어진 두 사람 이상의 집단으로 알고 있다. 가족은 물론 혼인이 기본적으로 들어가지만 혼인 이외도 혈연, 입양도 그에 해당되는 것이다. 그런 관계에서 맺어진 두 사람 이상의 집단을 말한다. 그런데 이 가족은 가장 기초적인 사회집단(social group)이다. 예를 들어서, 어떤 국가가, 정치적 제도, 경제적 제도, 가족적 제도와 같은 사회제도의 모든 역할을 하는 기초적인 요소가 가족이라고 볼 수 있다. 가정은 가장 기본적인 사회집단으로 아주 중요한 것이다. 특히 가족제도는 가정구성원 간의 전인격적인 관계를 바탕으로 수행된다.

가족의 형태는 확대가족과 핵가족으로 크게 양분된다. 확대가족은 부부와 그들의 기혼 자녀로 구성된 가족 형태다. 이 형태는 우리나라의 전통적인 가족 형태이다. 확대가족은 실제로 부부를 기준으로 했을 때 2쌍 이상의 부부가 존재하며, 3세대 이상이 같이 생활하는 것이 일반적이다. 피상적으로 보안 이런 확대가족들이 별로 없을 것 같지만 유사 확대가족 형태가 많이 존재하고 있다. 이 형태의 가족들은 꼭 같은 공간에 있지 않고, 한 아파트에서 동이나 층만 다른 곳에서 사는 경우가 있다. 원래 확대가족은 농업 사회와 인구 이동이 낮은 사회에서 일반적으로 나타났다. 이 형태에서는 가족의 접속과 유대를 중시한다. 확대가족에 대한 장점도 있다. 삶의 경험이라든가, 가족이 기지고 있는 특별한 기술 등을 후대에 전수하기 쉽다. 그러나 단점도 존재한다. 위계질서가 뚜렷해서 개인이 가지고 있는 개성과 창의성 발휘가 어려운 경우도 있다.

다음은 가족 형태 중 핵가족이다. 자녀가 없는 부부와 그들의 미혼 자녀로 구성된 2세대 이하의 가족이다. 우리 현대사회에서 이런 경우가 많이 나타난다. 부부 중심의 수평적이고 평등한 관계로 구성된다. 산업사회와 같이, 인구 이동성이 높은 사회에서 일반적인 가족 형태를 우리는 핵가족이라고 말한다. 이것의 장점은 서로 긴밀한 관계를 유지하기도 한다고 말한다. 그러나 노인 소외라든가, 자녀 양육 문제 등이 발생할 수 있다. 공존이라는 것은 각 개인의 안정된 삶이라고 할 수 있는 정신적인 요소가 중요하지만, 개인과 개인 간에 일어나는 서로의 협동 관계와 긍정적인 상호작용도 요구된다. 이러한 상호소통은 한 가정의 공존 생활에서 상당히 중요한 역할을 갖고 있다.

이 밖에 다양한 가족 형태가 존재한다. 동거 가족의 경우는 혼인 신고 없이 사실혼 관계를 이루는 가족이다. 요즘 유행되는 가족 형태 중 하나다. 또한 한부모 가족 형태도 있다. 이는 혼인을 하지 않고 출산을 하거나 아이를 입양하여 가족을 이루는 것을 말한다. 이것도 역시 요즘 등장하는 가족이다. 최근에는 함께 홈스쿨링을 운영하는 형태나 종교적 신념을 같이 하는 공동체 가족 형태가 있다. 공동체 가족 형태에서는 자녀 양육 등의 육아 활동을 공동체 차원에서 한다. 또한 부부 중 한 명 이상이 외국인일 경우 다문화가정이라고 한다. 이렇게 우리나라에서도 다양한 가족 형태를 볼 수가 있다.

최근 단독 가족이 증가한다. 향후 우리나라 인구의 3분의 1을 '싱글족'으로 예견되기도 한다. 이 가족 형태는 2035년에 이르면 34.3%의 인구가 싱글족이 될 것이라는 전망이 있다. 그 이유로는 저출산과 고령화 현상도 있지만, 혼인을 잘 하지 않는 만혼 현상, 혼인을 의도적으로 행하지 않는 비혼 현상, 출산율 저하, 이혼 증가, 고령화 등의 현상도 싱글족 증가에 기여한다. 이러한 가족 형태는 사회적으로 많은 것을 변화시키고 있다. 이 고독한 단독 가족이 증가하는 것들을 막기 위해 우리는 공존하는 법을 배워야 한다. 다양한 다문화사회 속에서 개인들이 다른 사람과 긍정적인 신뢰감을 쌓는 방법, 타자를 이해하는 방법들, 다양한 문화를 이해하는 방법 중 하나가 공감하는 능력을 함양하는 것이다. 이를 통해서 우리사회가 '고독한 사회'가 되지 않도록 노력해야 한다.

가족제도의 기능

사회제도로서 가족제도가 지닌 기능은 첫 번째, 사회 구성원의 재생산이다. 고령화가 심화되면 다 흔들린다. 경제적으로, 정치적으로, 교육적으로 흔들린다. 교육현장의 예를 한번 들어보자. 앞으로 30년, 40년 후 몇 명의 교사가 필요할지 생각해 보자. 자녀들이 줄어들게 되면 교사 양성이 줄어들 수밖에 없다. 이러한 것들은 다 같이 맞물려서 일어나는 것이다. 교육제도에 대해 말하였지만, 교육제도도 가족제도에 의해 다양한 부분에서 영향을 미친다. 그런데 이러한 사회 구성원들의 재생산, 어떤 사회가 유지되려면 후속세대의 출산을 할 수 있는 여건과 환경이 필요하다. 그것을 사회적 차원에서 복지라고 말할 수 있다. 두 번째는 1차적 사회화 기관의 역할이다. 1차적 사회화 기관인 가족집단인 가정은 자녀를 양육하고, 노인을 부양하는 기능을 가지고 있다. 또한 가족제도로 인해 사회 구성원은 경제활동을 수행하고, 안정적으로 가정을 구성함으로써 정서적 안정을 취할 수 있다. 뿐만 아니라 가족의 통합을 지향하는 제사, 성묘, 돌, 환갑 등의 통과의례를 같이 나눌 수 있는 것이 가족의 기능에 속한다.

최근에는 핵가족과 같은 가족 형태의 변화가 급격히 나타났다. 여러 가족이 같이 함께 모여 사는 전통적인 모형에서 벗어나서 한 쌍의 부부와 자녀가 있다는 말이다. 또한 새로운 형태의 가족이 등장하는 데 기러기 가족이다. 이 기러기 가족이라는 것은 여러분들이 잘 아시다시피, 떨어져 있는 가족을 말하는 것이다. 주로 아내가 자녀를 데리고 교육환경이 좋은 해외에 나가 생활하고, 홀로 남은 남편이 경제활동을 통해 떨어져 있는 가족들에게 송금을 하는 경우가 있다. 이러한 새로운 행태의 가족들이 등장하고 있다는 것은 우리사회의 다양성을 높이는 요인이 된다.

뿐만 아니라 성개방 풍조로 인해 성의 규제 기능이 약화되면서 혼인을 하지 않고 동거하는 가족 형태들이 등장하고 있다. 이는 저출산 경향으로 이어지고 사회 구성원의 재생산이 약화되었다. 과거에 가족 구성원의 돌봄 및 사회화 기능이 강조되었지만, 현대에 들어 보육 기관이나 국가에 의한 사회 보장 제도가 발달하여 아동 양육과 노인 보호 기능이 대체되기 시작하였다. 이런 경향은 가족 유지나 가족제도를 위한 사회 보장 제도가 확대되어 나타났다고 볼 수 있다. 또한, 이제 교육제도에서 살펴보면, 사회화 기능이 좀 약화되고 있는 것이다. 과거에 가족 단위의 경제공동체가 약화된 이유는 경제적 생산 기능은 기업이 맡고, 가족은 이제 소비적 기능을 담당했기 때문이다.

가족제도에는 여러 가족 문제들이 등장한다. 첫 번째 가족 해체인데, 가족 구성원 간의 느슨해진 연결 관계로 인해 대화가 단절하게 되든가, 별거하게 되든가, 이혼을 하는 경우가 많다. 이 현상은 어떤 가족 관계 속에서 공존들이 해체되는 경향이 나타나고 있다. 자녀 교육 및 청소년 문제도 역시 대두하고 있다. 핵가족의 맞벌이 부부가 증가하면서 가족 내에서 대화할 상대가 확대가족에 비해 그 수가 적고 대화할 수 있는 기회도 적다. 그럼으로써 가족 간 대화와 소통에 대한 문제가 발생한다. 대화는 공존에서 굉장히 중요한 역할을 하고 있다. 공간의 소통방식이라는 것으로 가족 간, 부모-자식 간 대화가 부족해서 자녀 교육 및 청소년 문제가 증가한다는 견해가 있다. 궁극적으로 핵가족 하에서 노인 문제, 핵가족화된 개인주의적 성향이 심각하게 나타나는 것은 대화의 부족 때문이다. 가족의 의무 중 하나가 가족 돌봄의 주체가 되어야 한다는 것이다. 최근 자녀 양육과 부모님 돌봄인데 점차 이 문제들이 개인의 가정적인 문제를 넘어 사회적 문제로 확대되고 있다. 또 가정 폭력 문제 역시 우리가 간과할 수 없는 부분이다. 가부장제에서 기인하는 것도 있지만, 가족 문제에 개입을 회피하는 사회 분위기가 한몫을 하기도 한다. 남의 가족 문제들에 대해 제삼자가 참여하기 어렵다는 것이다. 가정 폭력 문제 중 아동 폭력 문제가 언론에 대두되는 경우가 많다. 이러한 가정 폭력 문제들은 가정에서 공존의 실천이 이루어지지 않기 때문에 발생하는 문제다.

우리가 가족제도를 기능주의적 측면과 갈등주의적 측면을 거시적으로 나누어 볼 수 있는데, 기능주의적 관점에서 봤을 때, 가족 문제로 생겨나는 원인은 전통적인 가족 기능의 약화로 보고, 여기에 어떤 해결 방안을 말할 수 있냐면 가족 구성원 간 유대감을 증진시키는 방법을 모색하는 것이다. 이를테면, "가족 질서를 회복하자", "공동체 의식을 강화하자", "변화하는 사회 속에서의 새로운 가족상을 정립하자" 이런 해결 방안이 우리가 가족제도 속에서 공존을 찾는 노력으로 볼 수 있다.

갈등주의적 관점에서 본다면, 남성 지배적인 불평등한 사회제도 속에서 생겨나는 자연스러운 부산물들이 가족 문제들이다. 가족 문제를 해결하기 위해서는 불평등한 구조를 없애야 한다. 또한 가족 구성원 간 대화를 통하여 문제 상황을 공유한다는 것이다. 협의를 통하여 공감할 해결방안을 탐색하고, 가족 구성원들의 조화와 호혜의 관계를 지향할 수 있도록 하는 제도 개혁이 필요하다. 이런 것들이 갈등주의적 관점에서 바라본 가족 문제의 원인이고, 해결하는 방안이다.

종교제도

종교제도는 어느 학자든 굉장히 다루기가 힘들다. 어떤 특정 종교에 대해서 이야기하는 것은 가능하지만 다양한 종교에 관해서 이야기하는 것은 어렵기 때문이다. 다양성을 추구하는 데에 굉장히 공헌하는 학자들이 인류학자인데 종교 같은 경우에서 다양성을 상당히 배제하고 있기에 인류학자의 기여도 만만하지 않다. 실제로 어떤 종교의 규율 중 전통적인 부분들이 많고, 내부에서 다양성들이 존재하지 않기 때문에 종교에 대해 이야기하거나 비교하는 것은 회피의 이유가 되기도 한다.

사회제도로서의 종교의 의미가 무엇인지, 종교제도가 지닌 기능은 무엇인지를 기술하고자 한다. 우리 한국사회에서는 종교 선택의 자유가 있기 때문에 한국사회 자체에서는 종교의 선택 다양성이 넘쳐나고 있지만 실제 종교 자체에서는 다양성이 제한된다. 어떤 특정한 나라는 그 나라와 민족이 같은 종교가 이루지는 게 상당히 많다.

우리는 늘 행복한 삶을 추구한다고 얘기를 한다. 우리사회에서 행복한 삶이라고 얘기할 때, 마음이 편안한 상태를 말하거나 즐거운 상태 또는 경제적으로 여유가 있는 상태라고 이야기하는 사람도 있다. 불교에서 3번 걸어가서 절하는 삼보일배 수행이나 면벽수행, 이슬람교에서 특정한 시간을 지켜 기도하는 행동에 대해

"우리가 어떻게 이런 수행을 이해할 수 있을까"라는 부분을 종교와 관련하여 생각하는 기회가 될 수 있다.

종교는 인간의 행위를 유도하고 생활의 의미를 부여하고 일정한 도덕 공동체로 통합시키는 신성한 혹은 초자연적인 신념 및 행위의 체계이다. 종교와 과학은 가장 상반적인 입장이다. 그러니까 우리가 문화를 얘기할 때 자연과 문화가 정반대의 위치에 있듯이 종교하고 과학은 상반적인 입장에 있을 수 있다. 종교는 무엇을 증빙하거나 증명하기가 어렵다. 왜냐하면 종교자체가 초자연적인 행위 체계라고 본다. 우리가 신성하다고 하는 것은 인간의 어떤 생활세계의 이면에 있는 영성적 부분이다.

인간이 "인간답다"는 것은 동물이 문화를 가지고 있지 않거나 종교를 갖고 있지 않다는 점에 주목할 수 있다. 종교야말로 인간만이 가지고 있는 아주 독특한 하나의 신념 및 행위의 체계이다. 종교는 십자군 전쟁과 같이 어떤 사회에서 공존을 파괴하는 역할도 하지만 보이지 않게 공존의 역할을 상당히 많이 한다. 특정 종교의 경우에는 오지에서 봉사활동을 하는 등 세계 평화를 위해 헌신한다.

종교의 '종'이라는 것은 최고의 것이고, 보여주는 것이라는 의미를 가진다. 한자로 봤을 때 '교'는 '가르침'이라는 의미이다. 따라서 궁극적으로 가르침을 뜻하는 게 종교라는 것이다. 종교의 문자적 의미는 "최고의 진리를 통하여 행복을 추구하는 것"이다.

그런데 그 종교가 우리 인간적인 행복을 제한하는 경우가 상당히 많다. 이 점에서 종교가 목적 배반적인 행위를 하고 있다고 본다. 그런데 종교가 우리의 아주 중요한 사회제도를 구성하고 있다는 것에 주목해야 한다. 왜냐하면 여러 사회제도들 중에서 종교제도는 그 사회를 유지하는 기능을 갖게 되기 때문이다.

종교의 특징과 관점

종교의 특징은 초월적, 초자연적 성스러운 대상이 설정되어 있다. 나무라든가 바람, 동물, 신 이런 것들은 초월적인 존재를 인정한다. 여기에는 애니미즘, 샤머니즘을 비롯해서 종교의 첫 단계라고 할 수 있는 신앙의 단계들을 넘어서 초월적이고 초자연적인 성스러운 대상으로 삼을 수 있다. 그리고 또 하나는 성스러운 대상에 접근하기 위한 일정한 의례를 가진다. 일반적인 신앙과 종교가 다른 것은 종교가 있기 전에 전 종교 상태와 종교의 커다란 차이점이 존재한다. 종교는 어떤 제도화에 놓여 있다. 종교 안에 의례(ceremony)가 있다는 것이다. 그래서 기도라든가 노래를 한다든가 성스런 춤을 춘다든가 함께 식사를 한다든가 이런 부분들이 하나의 종교의 특징으로서 존재하고 있다.

종교를 바라보는 관점은 우리가 늘 사회적으로 우리가 공존의 주체가 되기 위해서는 항상 어떤 현상에 대해서 관점을 가지고 보아야 한다. 기능론적 관점으로 보면, 주로 종교는 긍정적 기능과 역할에 관심을 가지고 있다. 아울러 정서적 위안 및 심리적 안정감을 제공한다. 삶의 의미와 목적을 제공하는 역할을 한다. 종교에 참여는 모든 사람은 도덕적 공동체 안에 결합시키고 소속감을 고취하고 사회적 결속력을 증진시킨다. 그런데 이를 거꾸로 봤을 때는 다른 종교나 다른 집단에 대해서 배타적인 역할을 하기도 한다. 또한 종교는 사회적 규범을 제공하여 구성원을 적절하게 통제하고 일탈을 방지하는 기능을 수행한다. 기능론적 관점에서 봤을 때는 사회를 종속시키는 역할을 하고 있다.

갈등론적 관점에서는 종교제도에 대해서 비판적으로 바라보고 있다. 종교는 어떤 상태를 정당화시킬 수 있다. 사회 변화를 저지시키기 위한 강력한 이데올로기를 포함하기도 한다. 몇몇 종교사회학에서 이야기할 때 비민주화된 사회일수록 유사종교에 대한 통제를 잘 안 한다고 주장한다. 특정 종교에 심취하게 되면 탈정치적 경향을 가거나 혹은 지배 집단의 가치관을 통해 세상을 이해하고 해석함으로써 지배집단에 순종적으로 만들 수 있다는 것이다. 어떤 국가나 어떤 민족이 한 종교를 가지고 있을 때 즉 종교 지도자가 정치지도자라는 제정일치적인 입장을 가질 수도 있다. 지배 집단의 지도자는 마치 제사장의 역할과 종교적 역할을 같이 한다는 관점이다. 이는 고대사회에서 많이 나타났던 현상

중 하나이다. 샤먼 자체가 정치적 군장의 역할을 할 수 있다는 것이다. 현대사회에서도 국가가 하나의 종교를 가지고 있을 때 나타난 현상일 수도 있다. 내가 어떤 특정 종교에 대해서 이야기할 수 없지만, 그런 특정 종교에 대해서는 종교지도자가 정치적 지도자의 역할을 할 수 있다는 의미로 이해할 수 있다.

상징적 사회 작용론은 미시적 관점이다. 미시적 관점으로 봤을 때 사람들이 일상생활을 통해서 종교에 부여하는 의미에 초점을 둔다. 종교가 일상생활에서 어떤 영향을 갖는가? 이 질문은 종교가 사람의 생활이나 태도와 인식에 어떤 영향을 주는가를 찾는 것이다. 종교는 자신의 정체성을 인정하고 밝히기 위한 중요한 준거집단으로서의 역할을 수행한다. 또한 종교는 서로 다른 사람에게 서로 다른 상징과 의미를 부여해서, 서로 다른 역할 기대를 제공할 수 있다. 그러니까 우리가 예배를 나간다든가 집회에 나간다는 것은, 모든 사람이 그 종교를 통해서 본인들이 가지고 싶은 어떤 가치들이나 성취하고 싶은 것들이 있다는 것이다. 그런 방식으로 종교는 여러 사람에게 다른 상징과 의미를 부여해서 다른 역할의 기대를 제공한다.

종교갈등과 종교 리터러시

종교갈등은 전쟁에까지 이어졌던 역사적 사례가 있다. 30년 전쟁부터 시작해서 십자군 전쟁, 최근에는 이란-이라크 전쟁이 그 경우이다. 이런 종교 전쟁은 종교갈등 양상으로 확대되어 전쟁이란 인류의 비극을 가져왔다. 종교는 절대자에 대한 믿음을 전제하기 때문에 그 절대자가 다를 경우에 갈등이 존재할 수밖에 없다. 이는 다른 종교에 대한 배타성으로 나타난다. 배제한다는 것은 그냥 종교에 대한 배타성으로 끝나는 것이 아니라, 그 종교를 둘러싼 사회에 대한 문화적 공격이 될 수 있다는 것이다. 종교의 다름을 가지고 얘기하는 것이 아니라 서로를 "미개하다"고 얘기를 하는 것이다. 중동 지역에서 이스라엘 대 아랍 국가들에 대한 갈등, 이슬람 내에서도 같은 종교 내에서도 이념을 달리하고 있는 수니파와 시아파의 갈등들, 북아일랜드에서 신교와 구교의 갈등 등이 종교갈등의 예이다. 인간에 의해 만들어진 종교의 취지는 인간의 행복을 추구하기 위해서이다. 그럼에도 불구하고 종교가 인간의 행복을 억압하는 역할을 종교가 하고 있다. 이 부분을 우리가 비판적으로 바라볼 필요가 있다.

헌팅턴이라는 문화사학자는 세계를 9개의 문명권을 나누었다. 이 문명권들을 구분하는 데에 있어서 가장 중요한 요소를 종교로 제시했다. 기독교, 정교, 이슬람교, 유교, 불교, 힌두교, 라틴 아메리카, 아프리카, 일본 등의 여러 종교를 중심으로 문명권을 나누어 표시해 놓았다. 문화와 종교가 어떤 관계가 있음은 세계의 문화발상지가 굉장히 척박한 곳에서 일어났다는 사실에서 찾을 수 있다. 척박한 지역에서 현실의 어려움을 어떤 이상향을 설정했는데 그것이 종교 창시와 연결되었다. 종교사회학자들과 종교인류학자들은 취약계층이 많이 거주하고 있는 지역에 종교 시설들이 존재한다고 말한다. 삶이 어려워질수록 인간은 절대자에게 의지하고자 하는 욕구들이 많을 수밖에 없다. 그것이 종교가 만들어지거나 발전할 수 있는 요인이 된다.

종교를 바라보는 바람직한 관점과 태도를 종교 리터러시라고 한다. 종교 리터러시는 우리사회에서 타자와 공존하기 위해서 필요한 입장이라고 볼 수 있다. 자신과 다른 가치를 가지고 있는 종교일지라도 그 자체로 의미 있다고 인정하고 존중하는 개방적 자세가 필요하다. 우리는 흔히 어떤 종교에 대해서 굉장히 낮춰보거나 경계하는 경향이 상당히 있다. 나하고 다른 종교를 가지고 있는 사람들을 차별하거나 혐오한다. 또는 종교가 없는 사람들은 종교가 있는 사람들에게 고정관념을 갖기도 한다. 혐오나 고정관념은 다양성을 인정하지 못하여 발생한다는 점을 염두에 두면 상대방이 지닌 종교적 가치를 이해하고자 하는 태도를 가져야 한다. 뿐만 아니라 타자를 이해하고 대화를 통하여 관심을 가져야 된다. 이는 타자에 대한 공감능력을 강조하는 맥락이다. 다른 사람의 종교를 이해하고 존중하게 된다면 적어도 종교갈등은 최소화될 것이다.

9

교육제도와 한국교육

교육의 개념과 목적

우리가 학교라고 얘기했을 때, 학교 이미지가 우리의 머릿속에 어떻게 그려지는지 궁금하다. 사람들은 대부분 학교가 '공부하는 곳'이라고 특정한다. 그러면 학교는 즐겁지 않은 장소로 기억될 수 있다. 학교에 관한 기억은 "맨날 시험을 봐요." 이렇게 얘기하는 사람이 있는 반면에, "학교에는 친구도 사귈 수 있고요, 좋은 선생님도 만날 수 있고요." 이렇게 말하는 사람들도 있다. 학교가 우리에게 각인시켜준 이미지는 과연 무얼까? 학교를 중심으로, 교육제도에 대해서 함께 공부하고 교육제도가 우리사회의 공존을 위해서 어떤 기능을 하는지 알아 보자.

교육제도란 한 사회의 구성원들을 교육하기 위한 과정이나 교육 내용 및 방법 등에 대한 조직화된 체제를 의미한다. 우리는 그것을 흔히 공교육 제도라고 말한다. 공적인 주체에 의해 교육 과정과 교육 기관이 관리되는 제도로서 국가나 지방 자치 단체가 설립된 학교, 또는 공적 위임을 받은 사립학교에 의해 교육이 이루어진 것을 우리는 공교육이라고 말한다.

교육의 가장 기초적인 정의는 인간이 삶을 꾸려 나아가는데 필요한 모든 활동을 가르치며 배우는 절차이자 도구라는 점이다. 인간은 태어날 때부터 환경에 적응하고 사회적 존재로서 기능하기 위한 다양한 활동을 배우기 시작하며, 이러한 학습 과정은 생애 전반에 걸쳐 지속된다. 교육은 단순한 지식 전달의 차원을 넘어서, 인간이 지적·정서적·사회적 능력을 발달시키는 전인적 성장을 목표로 한다. 이러한 과정에서 교육은 인간이 직면한 환경과 삶의 조건에 대응하는 능력을 함양하게 한다. 또한 교육은 개인의 자아실현뿐 아니라 해당 사회의 발전에도 기여한다. 따라서 교육은 단순히 지식을 전달하는 수단에 그치지 않고, 인간의 삶 그 자체를 개선하는 과정이라고 할 수 있다.

근대 이후 교육의 개념은 인간 형성과 사회 개조라는 더 큰 목표를 설정하였다. 전통적인 교육이 개인의 생존과 기본적인 사회 적응을 위한 지식과 기술을 가르치는 데 주력했다. 그런데 근대 교육은 개인의 잠재력을 최대한 발휘하고, 선천적으로 가지고 태어난 모습 그대로의 인간을 바탕으로 하여 바르고 진실하며 가치 있는 인간이 되게 하려는 시도를 한다. 이 과정에서 교육은 인간 형성의 작용으로서, 인간의 내적 자질을 개발하고 도덕적·윤리적 성장을 이끌어내는 것을 목표로 삼는다. 근대 교육철학자들은 교육을 인간의 타고난 본성을 발현하고, 더 나아가 사회적으로 유의미한 인간으로 형성하는 방법으로 보았다. 이는 인간을 단순한 지식 수용자가 아니라, 비판적 사고와 창의력을 갖춘 주체로 만드는 과정으로 이해할 수 있다.

또한, 근대 교육은 사회 개조의 수단으로써의 역할도 맡고 있다. 교육은 개인을 사회적 맥락 속에서 바라보고, 개인의 성장이 사회 발전에 기여하는 방향으로 이루어질 수 있도록 촉진하는 역할을 한다. 이는 근대 이후의 교육이 단순한 지식 전수가 아니라, 사회적 변화를 이끌어내는 도구로 기능하게 되었음을 의미한다. 교육을 통해 사회는 지속적으로 개혁되고, 더 나은 사회 구조와 문화가 형성될 수 있다.

교육의 궁극적인 목표는 바람직한 인간을 형성하여, 개인의 삶은 물론 가정생활과 사회생활에서 보다 행복하고 가치 있는 삶을 영위하게 하는 데 있다. 이러한 목표는 단순히 지적 성취에 국한되지 않으며, 개인의 전인적 성장과 행복 추구, 그리고 사회적 기여를 포함하는 포괄적인 개념이다. 바람직한 인간은 단순히 학문적 성취가 높은 개인이 아니라, 도덕적·윤리적 책임을 다하고, 사회와의 상호작용 속에서 다른 사람들과 협력하며 공존할 수 있는 인간을 의미한다. 이러한 인간 형성의 과정은 교육을 통해 이루어지며, 이를 통해 사회는 발전하고, 더 나은 미래를 향해 나아가게 된다.

교육은 개인의 행복뿐만 아니라 사회의 지속적인 발전을 위한 필수적인 작용이다. 개인이 교육을 통해 자신의 역량을 극대화하고, 이를 사회적 목표와 연계할 수 있을 때, 교육은 사회 발전의 주요 동력이 된다. 따라서 교육은 개인과 사회의 상호작용을 기반으로 하여, 더 나은 인간을 만들고, 더 나은 사회를 만들어 나가는 데 중요한 역할을 담당하게 된다.

교육의 기능

교육이 이루어지는 공간은 가정, 학교, 지역사회이다. 그중 형식적인 교육은 학교 영역에서 이루어진다. 학교는 2차 사회화 기관이다. 사회화는 해당 사회 구성원의 공존의 전제가 되는 문화 공유성을 확보하는 과정이다. 따라서 학교 영역의 교육은 개인의 사회화를 촉진하는 기능을 한다. 이 기능은 주로 사회 유지와 안정에 초점을 맞추며, 교육이 개인에게 사회의 규범과 가치를 내면화하게 하여 사회의 일원으로서 기능하게 한다. 이런 교육의 사회화 기능은 사회 규범과 가치관을 개인에게 전달하고 내면화하게 하는 역할을 한다.

교육을 통해 사회는 자신이 가진 문화적·도덕적·규범적 가치를 다음 세대에 전달한다. 이 과정에서 학교는 중요한 역할을 하며, 교사와 또래집단을 통해 학생들은 사회의 규범을 학습하게 된다. 이는 의도적인 교수 활동뿐만 아니라, 학생들이 교사와 또래집단을 모방하고 동일시하면서 자연스럽게 이루어진다. 생활지도나 상담과 같은 활동을 통해 학생들은 사회에서 기대되는 행동을 학습하고, 이를 통해 사회의 구성원으로서 자리를 잡는다. 사회화 기능은 사회가 유지되고, 안정적인 상태로 발전할 수 있도록 기여하는 중요한 역할을 한다.

뿐만 아니라 교육은 문화유산을 전달하는 기능을 갖는다. 교육은 또한 문화유산을 전달하는 중요한 기능을 수행한다. 문화는 한 사회를 구성하는 사람들이 학습하고 교육을 통해 공유하는 가치, 지식, 규범, 관습 등을 의미한다. 교육을 통해 개인은 사회 구성원들이 공유하는 문화를 학습하고, 이를 다음 세대로 전달하는 역할을 수행한다. 이전 세대가 물려준 문화는 교육을 통해 보존되고 전달된다. 이는 개인이 사회적 일원으로서 기능하게 할 뿐만 아니라, 사회가 지속성을 유지하고 발전할 수 있도록 돕는 중요한 과정이다. 문화유산의 전달 기능은 단순한 지식 전수를 넘어, 사회적 연속성을 보장하는 중요한 역할을 한다.

교육은 사회 통제 및 통합의 기능을 한다. 교육은 사회 통제와 통합의 기능을 통해 사회 질서를 유지하고, 개인의 행동을 규제하는 역할을 한다. 사회는 교육을 통해 개인에게 행동 양식과 생활 양식을 가르치고, 이를 통해 개인이 사회의 일원으로서 바람직한 역할을 수행하도록 한다. 이 과정에서 교육은 개인의 행동을 통제하여 사회적 갈등을 줄이고, 사회 구성원 간의 통합을 이루는 데 기여한다. 특히 학교는 이러한 기능을 수행하는 주요 기관 중 하나로, 개인이 사회에서 기대되는 역할을 학습하고, 그에 따라 행동하도록 유도한다. 이를 통해 교육은 사회적 갈등을 완화하고, 사회적 안정을 유지하는 중요한 역할을 한다.

뿐만 아니라 교육은 사회 변화와 개혁의 기능을 한다. 교육은 사회 변화를 촉진하고, 개혁을 이끄는 중요한 역할을 한다. 교육은 개인을 통해 사회가 나아가야 할 바람직한 방향을 제시하고, 그 변화를 유도하는 매개체로 기능한다. 사회는 교육을 통해 새로운 가치와 규범을 학습하고, 이를 바탕으로 변화를 추구한다. 교육은 특히 사회적 불평등, 경제적 불균형, 문화적 갈등 등을 해결하는 데 중요한 역할을 한다. 개인은 교육을 통해 비판적 사고를 기르고, 사회의 문제를 인식하며, 이를 해결하는 방법을 모색하게 된다. 이 과정에서 교육은 사회 개혁을 위한 중요한 도구로 작용하며, 사회적 혁신을 이끌어내는 동력이 된다.

나아가 교육은 일종의 도구적 기능을 갖는다. 교육은 사회가 필요로 하는 인재를 선발하고, 그들에게 기회와 혜택을 배분하는 역할을 수행한다. 학교교육은 개인의 능력과 성취를 평가하고, 이를 바탕으로 사회에서 요구하는 인재를 선별하는 역할을 한다. 이러한 과정에서 교육은 개인의 능력에 따른 사회적 선발을 담당하며, 이를 통해 사회의 필요에 맞는 인력을 충원하게 된다. 또한 교육은 개인이 사회적 기회를 배분받는 중요한 통로이기도 하다. 개인은 교육을 통해 사회적 자원을 배분받고, 그에 따라 사회적 지위를 획득하게 된다. 이 과정에서 교육은 사회적 충원의 기능을 수행하며, 효율적으로 사회적 자원을 분배하는 중요한 역할을 한다.

교육은 사회적 지위 이동의 기능을 행한다. 교육은 개인의 사회적 지위 이동을 가능하게 하는 중요한 역할을 한다. 교육을 통해 개인은 자신의 출신 배경이나 가정 환경에 관계없이 사회적 성공을 이루고, 사회적 지위를 획득할 수 있다. 이는 학교교육이 개인의 능력과 성취를 평가하는 중요한 기준이 되며, 그에 따라 사회적 이동을 가능하게 한다는 점에서 중요한 기능을 한다. 특히 현대사회에서는 교육이 사회적 성공과 지위 획득의 필수적인 요소로 작용하며, 이를 통해 교육은 개인이 자신의 사회적 지위를 향상시킬 수 있는 중요한 기회를 제공한다.

교육의 역할

교육은 생리심리학적 측면에 신체적 움직임과 심리적 상태를 변화시키는 능력을 지닌다. 이는 교육이 인간의 신경 및 근육 체계를 변화시키고, 반복적 훈련을 통해 신체적 숙달을 이루는 과정에서 중요한 역할을 한다는 것을 의미한다. 이를테면 근육 운동의 통제와 숙달을 담당한다. 인간은 자신의 의지에 따라 근육 운동을 통제할 수 있으며, 연습을 통해 특정한 활동을 숙달할 수 있는 능력을 갖추고 있다. 이는 단순히 신체적인 능력뿐만 아니라, 심리적인 학습 능력과도 깊은 연관이 있다. 교육을 통해 개인은 반복적인 훈련과 연습을 통해 신체의 움직임을 더 정확하고 능숙하게 조절할 수 있으며, 이는 다양한 기술 습득에 중요한 역할을 한다. 예를 들어, 피아노 연주나 스포츠와 같은 활동에서 교육은 근육 운동의 정교한 통제를 필요로 한다. 교육을 통해 이러한 활동에서 신체적 능력을 향상시키고, 반복적인 연습을 통해 숙련된 행동을 할 수 있게 된다. 이러한 신체적 학습 과정은 단순한 반복적 연습을 넘어서, 뇌와 근육 간의 상호작용을 통해 이루어지며, 이는 교육을 통한 신체적 변화의 중요한 예시가 된다.

연습을 통한 학습과 성취이다. 생리심리학적 측면에서 교육은 또한 연습을 통한 학습의 과정을 강조한다. 인간은 반복적인 연습을 통해 새로운 기술을 습득하고, 그 기술을 더욱 능숙하게 사용할 수 있게 된다. 이는 신체적 활동뿐만 아니라, 정신적 활동에서도 적용된다. 학습은 반복적인 훈련을 통해 장기 기억으로 전환되며, 이를 통해 개인은 새로운 지식과 기술을 지속적으로 습득하게 된다. 따라서 교육은 인간의 신체적·심리적 능력을 변화시키는 중요한 수단이 된다. 개인은 교육을 통해 신체적 한계를 극복하고, 더 나아가 새로운 도전에 적응할 수 있는 능력을 갖추게 된다.

사회존재론적 측면에서 인간은 사회적 존재로서 집단 속에서 자신의 역할을 수행하고, 사회의 발전에 기여할 수 있는 능력을 지닌다. 교육은 개인이 사회 속에서 상호작용하고, 더 나아가 사회를 변화시키는 데 중요한 역할을 한다. 또한 교육을 통해 인간은 사회적 책임과 의무를 배우게 된다. 사회는 교육을 통해 개인에게 공동체의 가치를 전달하고, 개인은 이를 내면화함으로써 사회에 기여하게 된다. 따라서 교육은 인간을 단순히 사회의 일원으로 만드는 것을 넘어서, 사회적 변화를 이끄는 주체로서 개인을 성장시키는 역할을 한다.

또한 교육은 사회 발전과 변화에 기여하는 역할을 한다. 교육은 또한 사회 변화를 촉진하는 중요한 역할을 한다. 인간은 교육을 통해 사회적 문제를 인식하고, 그 문제를 해결하는 방법을 모색하게 된다. 예를 들어, 환경 문제나 인권 문제와 같은 현대사회의 주요 이슈는 교육을 통해 새로운 세대에게 전달되고, 이를 해결하기 위한 사회적 논의가 활발하게 이루어진다. 이를 통해 교육은 사회적 변화를 이끌고, 사회 발전을 도모하는 데 중요한 역할을 한다. 따라서 사회존재론적 측면에서 교육은 단순히 개인의 사회화 과정에 그치지 않고, 개인이 사회의 발전에 스스로 이바지할 수 있는 능력을 키워주는 중요한 도구로 작용한다.

인격주의적 측면에서 교육은 인간의 자율적 판단력과 창조적 능력을 개발하는 데 초점을 맞춘다. 인간은 단순히 외부에서 주어진 지식을 수용하는 것이 아니라, 스스로 옳고 그름을 판단하고, 창의적 사고를 통해 새로운 것을 만들어내는 존재다. 교육은 이러한 인간의 내재된 능력을 발현시켜 인격 형성과 창조적 변화를 촉진한다. 교육은 창의적 활동을 통해 인간의 잠재력을 발현시키며, 이를 통해 사회와 문화를 혁신하는 데 기여할 수 있게 한다. 예를 들어, 예술 교육이나 과학 교육은 개인의 창의적 능력을 극대화하여, 새로운 발견이나 발명을 이루게 하고, 이를 통해 사회에 기여하게 한다. 이러한 측면에서 교육은 인간의 창의력을 촉진하여 창조적 변화를 가능하게 하는 중요한 도구로 작용한다.

한국교육의 문제점

한국의 공교육은 학생들이 진학 경쟁에서 경쟁력을 확보할 수 있는 교육을 충분히 제공하지 못하고 있으며, 이로 인해 많은 학생이 공교육 외의 학습 방법을 찾게 된다. 사교육에 대한 의존도가 높아지면서 사회적 격차가 심화되고, 사회적 계층이 뚜렷하게 나타난다. 한국 가정의 가계 지출 중 사교육비는 2023년 월평균 자녀 1인 43.4만 원을 기록하였으며, 이는 저소득 가정에는 큰 경제적 압박으로 작용한다. 나아가 저출산의 원인으로도 지적되고 있다. 사교육비는 공교육만으로는 충족되지 않는 학습 요구를 충족시키기 위해 많은 가정에서 자녀의 진로와 진학을 위해 지출하는 항목이다. 과도한 사교육비 지출은 가정 경제에 직접적인 영향을 미칠 뿐만 아니라, 사회적 불평등을 심화시키는 요인이 되고 있다.

또한 교권의 추락은 한국교육의 심각한 문제 중 하나로 지적된다. 교사들이 학생을 지도할 수 있는 권한이 약화되면서, 학교 내에서 학교폭력과 같은 문제가 빈번하게 발생하고 있다. 교사들은 학생 관리에 어려움을 겪으며, 학교 내 질서 유지와 학습 환경 조성에 부정적인 영향을 미친다. 최근 들어 교사라는 직업의 선호도가 떨어지고 어려운 임용고사를 통해 교사가 되었더라도 중도 이탈을 하는 경우가 많다.

학교폭력 문제 또한 간과할 수 없는 한국교육의 문제이다. 학교폭력은 학생들의 학습 환경을 저해하고 정서적, 심리적 문제를 야기한다. 학생 간 폭력뿐만 아니라, 사이버폭력도 증가하고 있어, 이를 예방하고 해결할 수 있는 제도적 개선이 요구된다. 이는 한국 학생들이 과도한 학습 시간과 학습량으로 인해 많은 스트레스를 받기에 학교내 또래집단에게 부정 정서를 폭력으로 대체하여 나타나는 경향이 있다. 특히, 고등학생들은 대학입시 준비를 위해 장시간 학습을 요구받으며, 이는 학생들의 정신적, 신체적 건강에 안 좋은 영향을 미친다. 학생들은 학업 성취에 대한 부담으로 인해 스트레스, 수면 부족, 건강 문제 등을 경험한다. 과도한 학습 부담은 학생들의 창의적 사고와 비판적 사고를 저해하며, 학생들이 자발적인 학습 동기를 상실하게 만든다. 이로 인해 한국교육의 목적이 학문적 탐구나 진로 개발이 아닌 성적과 입시 성취로 전환되는 경향이 나타난다.

또 다른 문제점으로 입시 위주의 교육 체제를 들 수 있다. 대학입시가 교육의 최우선 목표로 자리 잡으면서, 지식 전달 중심의 교육이 강화되고, 창의적이고 비판적인 사고를 기를 수 있는 교육이 소홀히 다뤄진다. 특히, 한국의 고등학교교육의 특징은 대학 입시를 위한 주입식 교육과 줄세우기 평가와 같은 서열식 경쟁으로 대변할 수 있다. 입시 중심의 교육은 학생들이 자주적으로 사고하고 문제를 해결하는 능력을 기르기보다는 암기식 학습에 의존하게 만든다. 이는 장기적으로 학생들의 창의성과 학습 동기를 저하시킬 수 있다.

뿐만 아니라 정권이 바뀔 때마다 입시제도의 빈번한 변화가 일어난다. 이로써 학생들과 학부모들은 불안감을 가질 수 밖에 없고, 사교육 기관의 입시 전문가에게 기댈 수 밖에 없다. 대학 입시 제도는 자주 변경되기에 학부모와 학생들은 입시 준비 방향을 조정하거나 조건에 맞추기 위해 시간적 경제적 노력을 해야 한다. 이러한 입시제도의 불안정성은 학습 계획의 혼란을 초래하고, 사교육 의존도를 높이는 결과를 낳는다. 대입 정책의 빈번한 변화는 교육 환경의 신뢰도를 저하시킬 수 있으며, 사교육 시장의 확대를 부추길 수 밖에 없다. 학교, 학부모와 당사자인 학생들은 입시 변화에 대응하기 위해 더 많은 학습 부담을 안게 된다.

한국사회에서 심각한 교육문제 중 하나는 교육 격차이다. 도시와 농어촌, 도서 지역 간의 격차, 소득에 따른 교육 격차가 심각하다. 도시에 비해 농어촌, 도서 지역의 교육 자원이 부족하며, 저소득 가정의 학생들은 양질의 교육 기회를 얻는 데 어려움을 겪고 있다. 교육 격차는 사회적 불평등을 심화시키며, 이는 장기적으로 사회통합에 부정적인 영향을 미칠 수 있다. 저소득층 학생들이 고등교육에 진입할 기회가 줄어들면서 사회적 계층 이동이 어려워질 수 있다. 물론 대학에서는 사회적 배려자 전형과 같은 형평성에 입각한 입시 제도를 마련하고 있지만 교육 격차 해소의 궁극적인 해결책이 되지 못한다. 결국에는 교육 격차가 심화되면서 사회적 갈등의 원인이 되고 사회통합을 저해할 수 있다.

공교육의 개선을 위해 직업교육과 대안교육에 기댈 수 있지만 이 교육들 역시 체계적으로 마련되어 있지 않다. 이는 학문 중심의 교육에 지나치게 치중된 결과이며, 직업 훈련을 통한 실무 능력 배양이 소홀히 다뤄지고 있다. 대안교육 역시 충분한 제도적 지원을 받지 못하고 있으며, 이는 다양한 학습 요구를 충족시키지 못하는 문제를 초래한다. 직업교육의 미흡은 학생들이 실무 능력을 갖추지 못한 채 사회에 진입하게 만드는 원인이 된다. 대안교육의 부재는 학문적 경로 외의 다른 교육 기회를 제한하여, 학생들의 진로 선택 폭을 좁히는 결과를 낳는다.

한국교육의 과제와 방향

한국교육이 지향하는 궁극적인 이념은 과연 무엇일까? 첫째,

평등주의 교육이다. 평등주의 교육은 모든 학생이 공평한 교육 기회를 얻도록 하는 것을 목표로 하는 교육 철학이다. 한국에서는 고교평준화와 같은 정책이 평등주의 교육의 일환으로 시행되었으며, 이는 학생들이 어느 학교에 진학하든지 비슷한 수준의 교육을 받을 수 있도록 설계된 제도이다. 평등주의 교육의 장점은 교육 기회의 균등을 보장하고, 교육 자원이 한정된 환경에서 소외되는 학생들을 보호하는 역할을 한다. 고교평준화를 통해 특정 학교에만 교육 자원이 집중되지 않도록 하고, 모든 학생이 균등한 학습 기회를 가질 수 있도록 한다. 그러나 한편으로는 단점으로 평준화 정책의 개인 권리 침해와 역차별로 비판받고 있다. 평등을 강조한 나머지 하향평준화가 발생하며, 우수한 학생들이 더 높은 수준의 교육을 받을 기회를 제한받는다는 지적이 있다. 또한, 공교육이 이러한 평준화 속에서 경쟁력을 잃게 되면서 사교육 수요가 급증하고 있다.

둘째, 공교육의 부실화와 사교육 수요 증가이다. 평등주의 교육이 추구하는 이상적인 공교육 체계에도 불구하고, 현실에서는 많은 학생과 학부모들이 공교육의 한계를 체감하며 사교육에 의존하고 있다. 공교육에서 충분한 학습 기회를 제공받지 못한다고 느낀 학생들은 사설 학원과 개인 교습을 통해 부족한 부분을 채우고 있으며, 이는 사교육비 증가와 교육 격차를 심화시키는 주요 원인이 되고 있다. 학벌 위주 사회는 한국사회에서 오랫동안 지속되어 온 문제 중 하나로, 개인의 학력이나 출신 학교가 사회적 성공과 직결되는 구조를 의미한다. 이는 학문 자체보다는 출신 학교나 학벌을 중요시하는 사회적 평가로 이어진다. 한국사회에서는 학벌 중심의 평가가 지속되면서, 학문적 성취보다는 학력 자체를 추구하는 경향이 강하다. 이는 학생들이 자신의 적성이나 흥미보다는 사회적 지위를 얻기 위해 높은 학력을 추구하게 만든다. 학벌 중심의 사회에서는 많은 학생이 불필요한 학력을 쌓기 위해 대학에 진학하고, 더 나아가 고학력자 간의 경쟁이 심화된다. 이로 인해 대졸자 중에는 본인의 전공과 관련 없는 직업에 종사하게 되는 경우가 많아, 사회적 자원의 낭비와 미스매치 문제가 발생할 수 있다.

또한 한국에서 교육은 학문적 탐구나 인간적 완성보다는 입시나 취업을 위한 도구로 전락한 상태이다. 많은 학생이 대학 입시에서 좋은 성적을 얻기 위해 학습하고 있으며, 교육 과정이 취업 준비를 위한 수단으로 변질되고 있다. 이는 교육 본연의 목적을 상실하고, 지식 습득 자체보다는 결과만을 중시하게 만드는 경향이 있다.

입시 위주의 교육은 한국교육의 가장 큰 문제로 꼽히며, 고등학교 교육과정이 대학 입시를 목표로 설계되어 있다는 점에서 많은 비판을 받고 있다. 한국 학생들은 대학 입시 준비에 집중하면서, 창의적 사고와 인성 교육에 대한 기회를 충분히 얻지 못하고 있다. 입시 중심의 교육이 공교육의 한계를 노출시키며, 학생과 학부모들은 사교육을 통해 입시에 필요한 지식과 기술을 보충하고 있다. 공교육에서 학생 개개인의 역량을 충분히 개발하기 어려운 상황에서, 사교육에 의존하게 되는 현상은 지속되고 있다. 청소년의 비인간화 교육이다. 입시 위주의 교육은 학생들의 인간적 성장을 저해하고, 그들을 지식의 저장소로 취급하는 비인간화된 교육을 초래한다. 학생들은 주입식 교육을 통해 주어진 정보를 단순히 암기하는 데 집중하게 되며, 이 과정에서 창의적 사고력과 문제 해결 능력을 기를 기회를 잃는다. 창의성, 인성 교육의 부재이다. 입시 중심의 교육은 창의적 사고와 인성 교육을 소홀히 한다는 비판을 받고 있다. 이는 학생들이 사회에서 필요한 융합적 사고와 협력적 문제 해결 능력을 개발하는 데 어려움을 겪게 만든다. 또한, 토론 교육과 비판적 사고 훈련이 부족하여 미래 사회가 요구하는 다양한 역량을 확보하지 못하는 결과를 초래할 수 있다.

한국교육의 개선 방향

한국의 전통적인 주입식 교육은 학생들이 교과서에 수록된 정보를 암기하고, 이를 시험에서 재생산하는 방식에 치우쳐 있다.

그러나 현대사회는 다양하고 복잡한 사회문화 현상들이 나타난다. 그러므로 기존의 암기식 학습으로 인한 단편적 역량으로 해결할 수 없기에 창의적 문제 해결 능력을 필요로 한다. 학습자들이 스스로 새로운 아이디어를 창출하고, 기존의 지식을 융합하여 문제를 해결할 수 있는 능력을 기를 수 있는 융합인재 양성을 위한 교육 환경을 구성해야 한다. 이를 위해 프로젝트 기반 학습(Project-Based Learning), 문제 해결 중심 학습(Problem-Based Learning) 등의 교육 방식을 도입해야 한다. 학습자들이 주체적으로 문제를 정의하고 해결해 나가는 경험을 쌓도록 지원해야 한다. OECD국가는 이미 창의적 사고와 자율적 학습을 강조하는 역량 교육 모델을 도입하여 자국 학습자들에게 비판적 사고와 자기주도적 학습 능력을 강화하고 있다.

입시 중심 교육은 한국의 교육 시스템에서 가장 큰 문제로 지적된다. 대학 입시에서 좋은 성적을 얻기 위해 많은 학생이 사교육에 의존하고 있으며, 이는 공교육의 정상적인 역할을 약화시키는 결과를 초래한다. 사교육에 투입되는 가계지출이 심해 자녀교육 지원을 중심으로 계층간의 격차가 뚜렷하게 나타난다. 따라서 공교육을 강화하기 위해서는 대학 입시의 영향력을 줄이고, 학교가 학생들에게 다양한 교육 경험을 제공할 수 있도록 해야 한다. 최근 들어 교육부는 고교학점제와 같은 제도를 통해 학생들이 자신의 적성과 흥미에 맞는 과목을 선택하고, 이수할 수 있도록 하는 방안을 모색하고 있다. 또한, 학교 현장에서 창의적 교육 프로그램과 토론 중심 교육을 도입하여, 학생들이 다양한 역량을 개발할 수 있도록 지원해야 한다.

사실상 국가교육과정 문서에는 인성과 창의성을 함양하기 위한 역량중심의 교육을 강조하고 있으나 현실의 입시 중심 교육이 창의성 및 인성 교육과 자기주도적 학습에 장애를 만들고 있다.

교육제도를 통해 학생들이 도덕적 가치와 사회적 책임감을 함양할 수 있도록 인성교육을 강화해야 한다. 이를 위해 교과과정 내에서 협력과 공동체 의식을 배양할 수 있는 활동을 포함시키고, 정서적 지원 프로그램을 확대하여 학생들이 건강한 사회 구성원으로 성장할 수 있도록 돕는 것이 필요하다. 학생들이 스스로 학습 목표를 수립하고, 학습 계획을 세우며, 학습을 스스로 수행할 수 있는 능력을 기를 수 있도록 해야 한다. 이를 위해 교사의 역할은 단순한 정보 제공자가 아닌, 학습 촉진자와 가이드로 변화해야 한다.

또한 학교는 학생들을 위해 적성과 소질에 맞는 진로교육을 강화해야 한다. 학생들이 자신의 능력을 최대한 발휘할 수 있도록 환경을 제공하는 중한 역할을 한다. 한국교육은 학문 중심의 교육에 치우쳐 있어 직업교육과 미래 역량 개발이 상대적으로 미흡한 실정이다. 학생들이 자신의 적성에 맞는 직업교육을 받을 수 있도록 체계적인 교육과정을 마련해야 한다. 마이스터고, 특성화고와 같은 학교를 확대하여 다양한 직업군에 필요한 기술과 역량을 학생들에게 제공하고, 현장 실습을 통해 실제 직업 세계와의 연결을 강화해야 한다. 이를 통해 학생들은 고등학교 졸업 후에도 충분한 직업 역량을 갖추고 사회에 진출할 수 있게 된다.

미래사회에서 필수적인 창의력, 협업능력, 문제해결능력을 강조하는 교육과정이 필요하다. 이를 위해 디지털 기술과 AI와 같은 신기술을 활용한 교육과정을 개발하고, 융합교육(STEAM)을 통해 학생들이 다양한 분야에서 필요한 역량을 갖추도록 해야 한다.

교육 평가의 합리적인 제도 개선이 요구된다. 평가 시스템을 바꾸면 과정 역시 그에 맞추어 혁심해야 한다. 현재 수능과 같은 입시제도를 과정중심 평가로 바꾸지 않는다면 한국의 미래는 뒤처질 수 밖에 없다. 뿐만 아니라 인재 선발에 있어서 한국사회는 오랫동안 학벌 중심으로 이루어졌다. 이는 교육과정에서도 불필요한 학력 추구와 학벌 위주의 평가로 이어졌다. 이를 해결하기 위해서는 학벌 중심의 평가 방식을 능력 중심의 평가로 전환하는 것이 필요하다.

10
협력학습과 역할놀이

협력교육활동

협력학습(collaborative learning)은 협동교육활동의 일종이다. 협동교육활동은 협동을 기반으로 이루어지는데. 협동은 사전적 의미에서 서로 마음과 힘을 하나로 합하는 것이다. 그러나 협동학습(cooperative learning)은 사전적인 의미에서의 협동 이상의 개념을 포함한다. 협동학습은 협력학습, 집단학습, 학습사회, 또래교육, 또래학습, 팀학습의 유사 개념을 갖고 있으며, 모두 그룹활동이라는 공통점이 있다.

협동학습이 학습의 목표달성과 결과를, 협력학습은 결과보다는 학습의 과정을 더욱 중시한다. 또한 협동학습은 동기론과 관련하며, 협력학습은 사회구성주의의 영향으로 철학적이고 과정적인 특징을 갖는다. 논리 실증주의는 인간의 인식이 외부에 실제로 존재하는 객관세계의 반영 혹은 표상이라 본다. 이와 달리 사회구성주의는 인식의 주체가 이룬다고 본점에서 구성주의의 전통을 이어받고 있다. 하지만, 개인 차원의 구성의 과정이 아닌 사회문화적 맥락에서 이루어진다고 본다.

이 글에서 필자는 협동학습과 협력학습의 차이를 강조하려는 것이 아니라 역할놀이를 활용한 협동교육활동의 필요성과 방법을 제안하고자 한다. 협동학습과 협력학습이 동기론과 사회구성주의를 바탕으로 한다면 듀이의 흥미 개념과 비고츠키의 놀이 개념의 관계성을 살펴봄으로써 용어의 사용과 범위를 재규정할 수 있다. 특히 듀이의 흥미 개념을 사용하는 것은 동기가 행위의 원인이자 방향을 결정하고 행동의 강도와 지속성을 결정하는 힘을 발현하는 과정을 보여주는 것이다.

협동학습은 1920년 레빈(Lewin)의 연구에 근간을 둔다. 레빈은 과학적 실증주의에 기반하여 작업장 관리를 연구하였다. 특히 작업장 관리에 있어서 복합적인 인간의 사회적 네트워크와 경험을 무시함을 비판하였다. 이후 몇몇 사회심리학자들의 연구는 협동학습의 개념 형성에 초석이 되었다. 작업에 있어서 결과의 주요 변인은 주변환경과 인간의 감정이며 개인적 동기유발과 관련되고, 개인의 동기유발이 위계적으로 발생하는 욕구를 충족시킨다는 일련의 동기론과 관련된 연구들이 본격적인 협동학습연구의 기초가 되었다.

특히 협동교육활동은 긍정적 상호의존성을 중시한다. 긍정적 상호의존성은 공동의 목표를 달성하려 노력하는 가운데 개인의 발달이 타인의 발달에 도움이 된다는 생각을 공유한다는 특징을 지닌다.

놀이와 흥미

듀이는 협동교육활동이 흥미와 관련성이 높다고 판단하였다. 흥미를 사물의 추이에 대해 그 주체가 관심을 갖고 사물을 변화할 수 있도록 개입하고 싶어하는 것으로 본다. 흥미와 관련된 요인에는 욕구가 있다. 즉 학습을 시작하는 데 흥미는 중요한 내적 동기로 작용하며 사물이 지닌 가능성과 관련성이 높다. 이때 학습자가 나타내는 행동은 학습자의 정서적 상태로부터 비롯된다. 즉 흥미는 학습자가 교육활동을 하는데 있어서 어떠한 행동을 발현하는 역할을 한다. 이는 흥미가 교육적 발달에서 학습자의 특성이나 요구 및 기호라는 정서적 측면과 관련되기 때문이다. 전통적인 교육에서는 흥미를 교육에 방해되는 행위로 간주해왔다. 그러나 듀이에 들어와서 흥미를 학습자의 능동적인 발전의 전체적 상태로 의미한다. 이해관계로써 흥미는 개인이 예상하고 기대하는 것을 포함하는 여러 정황에 대한 고려와 함께 객관적인 여러 결과를 나타내는 것이다. 따라서 흥미는 어떤 대상이 어떤 사람에게 관련되거나 영향을 미치는 점을 포함한다. 그러나 이해관계로써 흥미를 강조하는 것은 개인의 이익과 불이익, 성공과 실패 자체에 대해 주목하는 것으로 성공과 실패의 여부에 따라 흥미를 쾌락 혹은 고통이라는 개인적 상태로 만든다. 정서적 경향으로써의 흥미는 관심사로부터 비롯된 흥미가 이해관계를 넘어 어떤 일에 전념하고 몰입하는 태도로 나타난다.

이처럼 흥미는 학습자가 같은 물체, 같은 대상, 같은 주제라 할지라도 개인의 관심사에 따라 다른 의미를 부여하도록 한다. 개인이 제시한 이해관계로써의 흥미는 개인의 경험에 근거하며 학습자가 자신의 행위에 있어서 결과를 예상하고, 행위 자체에 전념하도록 함으로써 현재의 상황맥락에서 능동적으로 활동하도록 한다. 따라서 흥미로부터 시작된 교육은 학습자에게 학습 대상에 의미부여를 할뿐만 아니라 결과의 예상 수단과 장애 요인에 대해 검토하게 함으로써 인지적 작용을 가능하게 하며 학습자의 활동을 상황 맥락에 맞게 조정하고 활동에 몰입하도록 하는 것이다.

한편 비고츠키는 놀이와 학습의 관계에 대해 학교시기에 놀이는 사라지는 것이 아니라 현실에 대한 태도에 스며든다라고 전한다. 놀이는 학교 수업과 질서에 기반한 해야 하는 활동인 공부 안에서 내적 관련성을 가진다. 놀이의 핵심은 생각 속 상황과 실제 상황 사이에서 지금까지 없던 관계를 만드는 것, 즉 의미와 시각의 장 안에서 새로운 관계를 만드는 것이다. 놀이는 학습자의 현재 상황과 새로운 상황 사이에 관계를 창조한다. 비고츠키는 놀이를 발달의 근원으로 보았다. 근접발달영역을 창조하는 것은 놀이며 아동의 놀이에는 의미가 부여된 행동이 나타난다. 놀이는 재현성, 목적성, 규칙성으로 발전한다.

재현성은 현실과의 밀접한 상상을 통해 놀이의 형태로 시작된다. 이때 상상을 통한 재현성이 나타나기 위해서는 활동 이전의 경험이 필요하다. 이는 교육연극에서 말하는 마치 현실인 것처럼 표현되는 실제 상황에 대한 재생산을 의미한다. 이때 학습자는 여러 가지 가능성을 갖는 재생산 중에서 특정한 것을 예컨대 어떤 학습자는 소꿉놀이를 하는 반면 어떤 학습자는 병원놀이를 할 수 있는 데 이것은 그들의 경험과 관심사를 반영한 것이라 할 수 있다. 특정한 방법을 통해 표현한다. 이는 학습자의 관심사에 따른 선택에 의한 것으로 스스로 선택하여 활동하는 자기주도성이 나타난다.

목적성은 놀이 행위자의 흥미가 의식적인 목적 지향성을 가짐에 따라 나타난다. 이때 놀이 행위자가 갖는 놀이에 대한 목적은 놀이의 내용과 방법을 정당화한다. 놀이 행위자는 어떠한 내용과 어떠한 방식이 놀이를 보다 흥미롭게 할 것인지에 대한 이해관계를 고려하여 내용과 방법을 선택한다. 이러한 특징은 놀이의 흐름을 예상하고 기대하는 결과를 객관적으로 나타내는 것으로 이해관계와 관련된다.

규칙성은 내적 통제를 의미하는 것으로 흥미있는 활동에 대한 욕구가 정서적 경향에 의해 규칙을 만들고 준수하는 행위이다. 즉 규칙성이란 꾸준히 발전하는 흥미를 유지하기 위해 구성원간의 관계에서 자신의 행동을 조절하는 것이다. 이때의 규칙은 과정을 통해 만들어진다는 개방성을 갖는다.

이와 같이 비고츠키의 놀이 개념은 듀이의 '흥미'로부터 시작하는 교육개념과 관련성이 높다고 볼 수 있다. 이는 개인의 흥미에 따른 재현적 놀이가 목적성을 갖는 활동으로 그리고 형식성 높은 학습활동으로 변화되는 과정이며 모습을 나타낸다. 이러한 관계는 협동학습과 협력학습의 근간이라 할 수 있는 흥미와 놀이가 학습의 정의적 차원과 행동적 차원을 나타내는 것임을 의미한다. 즉 협동학습과 협력학습이라는 개념의 혼용적 사용은 무의미한 결합이 아닌 학습의 측면에서 정의적 차원과 행동적 차원의 결합으로 보아야 한다. 이와 함께 전인교육이라는 교육의 궁극적 목적을 고려할 때 앎이란 실천을 통해 완성된다고 할 수 있다. 실천이 없는 앎은 죽은 지식이며 지식은 실천을 통해 명확해지고 수정과 발달이 가능하기 때문이다.

따라서 협동학습과 협력학습이라는 용어는 객관적으로 인식 가능할 뿐만 아니라 교육의 행위 실천적 측면을 고려하여 사용여부를 판단하는 것이 타당하다고 본다.

상호의존적 인간관계

인간이 사회적 존재라는 말은 인간은 혼자서 살 수 없는 존재라는 것과 일맥상통한다. 인간은 상호 간에 사회적으로 뗄래야 뗄 수 없는 관계를 갖는 존재이다. 인간은 본능적으로 다른 사람에게 의존할 수밖에 없다. 사람 인(人)자를 보면 수염처럼 생겼는데 서로 사람과 사람이 기대서 있는 모습을 형상화한 한자이다. 사람 인(人)자, 한자에서도 우리는 혼자 살 수 없는 사회적 존재임을 드러내고 있는 것이다.

사회적 존재에서 가장 중요한 것은 상호의존성이다. 타인과 내가 서로 의존하고 있구나, 서로 결합돼 있구나하는 것을 느껴야 된다. 다문화사회에서는 특히 모든 사람이 서로가 서로에게 필요함을 느끼는 관계를 형성해야 한다.

초국적 이주민이 유입되는 것은 세계화에 의해서 국가간 경제적 차이가 나고, 저소득국가에서 고소득국가로의 사회적 이동은 당연한 귀추다. 구체적으로 말해 A국가와 B국가가 경제적 차이가 생겨서 B국가의 임금이 적거나 경제적 상태가 나쁠 경우에 경제적 상태가 좋은 곳으로 이주하는 게 세계화의 흐름이다. 그런 측면에서 같은 민족끼리 같은 나라의 사람끼리 살 수 없는 세상이 되었다. 그들이라고 호칭하는 이주민들과 함께 살 수 밖에 없는 현실이 온 것을 인식해야 된다. 그래서 다문화사회에서 상호의존성은 매우 중요한 이슈라는 것을 먼저 상기해야 한다.

상호의존성은 사회적 인간의 삶을 표방하며 근본적으로 다른 사람과의 관계를 의미한다. 이 관계라는 것은 사회적 상호의존을 바탕으로 하여 이루어진다. 상호의존성은 다문화사회를 맞이한 우리사회에서도 매우 중요한 화두이다. 서로가 서로에게 연결되어 있다는 것을 느껴야 한다. 그것이 우리와 같은 민족이든 아니든 우리사회의 발전을 도모하는 사람들이라면 모두 서로 상호의존을 해야 한다는 논리이다. 다문화사회의 다양성은 다른 관점을 지닌 구성원들 간의 갈등도 예상할 수 있다. 하지만 다양성이 확보되어 있다면, 그것이 협력을 만들 수 있는 통로가 된다. 그리고 협력을 통해서 새로운 문화를 만들 수 있다는 것이다. 다문화사회의 다른 문화권 사람들과의 상호의존, 우리 한반도 속에서 함께 살아가고 있는 사람들 간의 상호의존은 굉장히 중요하다.

고정관념과 편견

상호협동을 통해서 사회적으로 발생하는 많은 문제를 해결할 수 있다. 다양한 관점을 지닌 구성원들은 한 가지 관점을 갖고 있는 사람들과 비교할 때, 유연성이 있거나 합리성을 나타낼 수 있기 때문에 상호의존이라는 것은 매우 중요하다. 이 상호의존이라는 것은 다른 관점에서의 사람들이 함께 어떤 일을 도모하고 어떤 일을 해결하는 데 필요한 유기적인 과정(process)이라고 볼 수 있다. 그런데 이러한 상호의존성을 방해하는 두 가지 요소가 있다. 하나는 고정관념(stereotype)이다. 우리 생활 속에서 고정관념은 많이 확인할 수 있다. '재는 저래.' 이런 것들이 그 사람에 대한 고정관념이다. "어디 출신은 어때" 이런 말을 많이 한다. 이런 고정관념은 의식적인 정보가 아니라 어떤 집단들과 비교할 수 있게 하는 것이며 개인들과 집단들이 함께 믿는 것인데 이 고정관념이 다문화사회에서 굉장히 부정적인 영향을 줄 수 있다. 고정관념은 내가 속한 집단, 내집단과 다른 집단을 구별하고 우리가 다른 집단의 행동을 어떻게 받아들이고 기억하는지에 영향을 주는 마치 보이는 않는 권력과도 같은 것이다.

우리가 계층과 계급을 나눌 때 칼 마르크스가 빈부의 격차에 따라서 경제적인 계급 사회를 말한다. 그러나 막스 베버는 계층을 이야기한다. 베버의 계층론은 계급론보다 다원적이다. 우리가 계층을 얘기할 때 권력은 어디에서 나오는가, 정치적인 측면에서 나오는 것이다. 경제적인 것은 자본 혹은 부이다. 그다음에 사회적인 것은 지위이다. 바로 이러한 권력은 정치적인 영역인데, 정치라는 것은 정치가만을 의미하지 않는다. 내 개인이 작동하는 어떤 시스템적인 것이 권력인데, 내 마음속에 가지고 있는 어떤 감정이나 생각의 흐름이 '저 집단은 저래'라고 했을 때, 거기에 권력이 작동한다는 것이다. 그리고 개인이 가지고 있는 그런 생각들이 여러 사람과 공유된다면, 그것은 사회적 권력이 되는 것이다. 이런 것들은 어떤 집단에 대해서 고정관념을 갖게 하고 더 크게 확대된다. 고정관념에 대해서 나름대로 상호의존성을 방해하는 요소로 정리할 필요가 있다. 상호의존성을 방해하는 한 가지 요소가 고정관념이라면, 다른 하나는 편견이다. 우리가 흔히 선입견이라고도 말하는데, 편견은 무엇인가를 속단한다는 의미이다.

일반적인 편견은 '종족 중심주의'라고 말할 수 있다. 자신이 속한 민족이나 종족, 문화, 국가가 다른 부류보다 올바른 것이고 더 나은 것이라고 생각한다. 이것은 자문화중심주의를 바탕으로 한다. 편견은 자문화중심주의와 연결되어 있다. 이런 편견은 고정관념과 쉽게 연결이 된다. 고정관념은 편견을 불러일으키고 지속시킬 수 있다. 그래서 고정관념과 편견은 특히 다문화사회에서 가장 필요하다고 할 수 있는 상호의존성을 방해하는 두 가지 요소이며, 이를 꼭 기억해 주시고 이것을 지양하고 없애는 훈련을 할 필요가 있다. 그래서 이런 상호의존성을 방해하는 요소들에 대해서 정리해 보면, 우리는 다양성이 점차 증가되고 있음을 부인할 수 없다.

사회적 상호작용

다양한 개인들 간의 긍정적인 관계 형성을 위해서 사회적 상호작용을 효율적으로 발전시켜야 한다. 앞에서 말한 방해 요소들을 지양하고 사회적 상호작용을 좀 더 효율적으로 발전시키는 방향으로 우리사회를 만들어야 한다. 상호작용은 네 가지 틀로 말할 수 있다. 사람은 인간관계를 통한 사회적 상호작용에 의해서 성장하고 변화한다. 이것은 개인과 사회를 공부할 때 사회화에서 나왔던 이야기이다. 그다음에는 학습 과정에서 상호작용 활동이 학습자들의 행동 변화에 영향을 준다는 것이다. 그리고 이 사회적 상호의존성을 경험하는 개인들은 협동을 해야 한다. 서로 이렇게 협력(cooperation)을 통해 다른 사람이 성공해야 자신이 성공할 수 있는지를 인식해야 된다. 이를 비경쟁 학습이라고 하면서 협동학습이라는 용어를 쓴다. 협동학습 또는 협동 프로그램이라고 말한다. 전문 용어로 교육학과에서는 협동학습(co-operative learning)의 약자로 CL이라고 표현한다. 이는 모두에게 이익이 되는 결과를 얻으려고 노력하는 것이다. 이 네 가지 틀들이 다 협력적 상호작용을 하는 데 굉장히 중요한 도움이 된다.

협동은 경쟁적이나 개인주의적인 노력보다 개인과 개인이, 서로 끌어당기는 역할을 한다. 성공한 사람들은 교육적으로 협동학습을 경험했다는 연구 결과가 있다. 과제를 수행할 때 대부분의 교수님들이 프로젝트나 팀 활동(team play)이라고 많이 말해 준다. 팀 프로젝트 과제를 주는 교수자들이 훌륭하다고 생각한다. 어떤 학생들은 '나 혼자 하면 더 잘할 텐데.'라고 생각할 수도 있다. 그런데 다문화사회에서는 '혼자 잘한다'라는 것들이 결국에는 자기 자신을 굉장히 부정적으로 만들기도 하고, 더 나가서는 사회적 발달을 저해한다고 본다.

2022 개정 국가교육과정에 '더불어 사는 인간'이라는 인재상이 제시된다. 그렇다면 과연 '더불어 사는 인간'은 어떤 사람일까? 이 사람은 바로 여기서 말하는 상호의존성을 지닌 사람이라고 할 수 있다. 상호의존을 함양하기 위한 것으로 협동학습이라는 것을 도출할 수가 있다. 협동학습은 학습동료, 학습자 간의 상호작용에 의하여 공동 목표를 해결하는 과정이다. 교수자가 팀 과제를 내줬을 때 "아, 우리가 A 학점을 받겠다" 그리고 우리가 계획을 세우고 함께 하고자 할 때, 모든 사람이 자신이 맡은 역할을 성실히 해주는 것이다. 그래서 그 목표에 도달할 수 있도록 하는 것이다.

학습 동료들 상호관계는 무엇이 중요할까? 서로에게 긍정적인 의존성, 또 상호작용이 필요하다는 것이다. 이런 협동학습을 통한 다양한 어떤 사회적 경험은 바로 긍정적인 대인관계, 인간관계를 구성한다는 것이다. 지금까지 내용을 정리해보면, 인간관계에서 중요한 것은 상호의존성이며, 그것을 높이기 위해서는 우리는 협동학습을 해야 된다는 것이다. 협동학습을 통해 경험한 학습들은 긍정적인 대인관계, 인간관계를 경험할 수 있다. 그러한 경험들은 다시 사회에 전환이 되어 우리의 삶을 좀 더 다양하고 풍부하고 아름답게 만들 것이라고 확신한다.

협동학습 실천

한국의 교육상황에서 경쟁학습이 아무리 필요하고 현재 실행하는 것을 감소시키거나 없앨 수 없다면, 대안으로서 교육과정에서 경쟁학습을 극복할 수 있도록 긍정적인 상호의존이 학습의 요소를 구성해야 한다. 예를 들어서, 진로 개발이나 취업 활동을 위한 학교 밖 인턴십의 활성화와 사회 봉사활동이 정규 교육과정에 포함되는 것을 생각해 볼 수 있다. 모든 대학의 대부분이 상대평가를 하는 것은 어떻게 보면 경쟁학습 체제를 구축할 수 있다는 것이다. 이를 보완하기 위해 pass과 fail이 되는 과목이라든가, 절대평가와 같은 것들이 많이 만들어져야 하며, 협동이 필요한 실습 과목들 같은 경우 경쟁적으로 평가해 점수를 주는 것이 아니라 절대평가 또는 pass이나 fail로 점수를 주어야 한다. 이런 것들이 많아진다면, 대학에서 다른 사람들과의 긍정적인 상호의존을 연습하는데 큰 도움이 될 것이라고 생각한다.

협동학습을 계속 말씀을 드리면, 공동의 목표를 달성하기 위해서 함께 일하고 또 개인이 다른 사람들과 다양한 관계를 추구하고 학생들은 서로의 학습 효과를 최대화하려는 목적을 가지고 있다. 처음은 작은 모둠부터 시작하자. 그다음에는 모둠이 커지는 구성을 한다는 것이다. 이를 교육적으로 활용하는 것을 교육학적 용어에서 협동학습이라고 말한다. 협동학습을 왜, 어떻게 활용하고 사용할 수 있는가 하면, 참여한 개인들에게 영향을 줄 수 있다는 것이다. 어떤 과제 속에 참여하는 사람들이 각각의 역할이 과제(task)를 받는 과제기반학습(task base learning), 즉 TBL이라고 말한다. 과제들을 다 분배하고, 그 과제들은 TBL로 연결하는 것이다.

같은 팀(Team) 안에서 서로의 목표를 상호의존하면서 극복하는 것이다. 이를 위해 그 안에서의 소통이 매우 중요하다. 협동적인 상황을 구성하는 것은 여러 사람의 노력에 의해 서로에게 용기를 주고 지지하고 도와주고 보조하는 등 서로 문제를 해결하는데 도움을 주는 것이다. 그 개인에게 분배된 task를 기반으로 팀원들이 학습 목표에 도달하려면 어떠한 특성, 팀의 구성원들의 구성과 역량이 다르기 때문에 그 개별 역량을 갖는 구성원을 다양하게 뽑아서 조합하는 게 매우 중요하다는 것이다. 그럼 스스로가 다른 사람들의 성공에 도움을 주어야 한다는 목표가 생기게 된다.

TV에서 노래경연을 보았는데. 두 사람씩 두 팀이 나와 가지고 노래 경연을 하는데, 멘토가 앉아서 코멘트를 하는데 노래를 잘하는 두 사람이 A팀으로 묶였고, 누구나 생각할 때 A팀이 훨씬 더 잘할 거라고 예상을 했지만 멘토들은 노래를 잘 못하는 B팀에게 점수를 주었다. B팀은 한 사람은 춤을 잘 주고 한 사람은 노래 가창력이 좋아서 서로가 부족한 점을 메워주면서 극대화시켰던 것이다. 이런 경우가 협동학습 성공의 전형적인 예이다. 즉, 서로가 부족한 부분들을 보완해 주고 장점들을 극대화시키는 것이다.

협동학습 모둠이 참여하는 서로에게 굉장히 많은 지지를 해주고 도와주고 있다는 것이다. 그래서 똑같이 임용고시 합격이라는 성공의 결과를 이루게 하고자 한다. 예를 들어 공무원 시험이나 언론고시를 공부하는 학생들은 엄청난 공부양도 혼자서 한 과목을 하는 것과 여러 학생들이 잘하는 것을 준비해서 서로가 서로에게 도움을 주는 것은 다르다. 서로가 멘토가 되어 동료 멘토링을 하는 것이다. 그럼으로써 서로의 목적을 성취하는 것, 이것이 협동학습을 활용하는 이유이다.

협동학습 활용 방법

협동학습 활용 방법을 절차적으로 살펴보면, 첫 번째 이 협동학습에서의 모든 학습자는 의미있고, 역동적으로 참여를 해야 한다는 조건이 있다. 수동적으로 하면 안 된다는 것이다. '아, 이게 정말 내가 하는 거다. 남이 발표하는 시간, 다른 학생이 준비하는 것을 할 때 나도 이런 것을 적극적으로 해야 한다.'라는 어떤 역동적인 참여의지가 있어야 된다. 그다음에 학습자가 자기 잠재력을 성취시킬 수 있도록 해야 된다. 자꾸만 자기가 가지고 있는 어떤 잠재력을 팀 내에서 보여줘야 된다는 것이다. 그러므로 학습자들 상호간 관심과 노력을 쏟아부을 수 있는 인간관계를 발전시킬 수 있다. 아울러 효과적인 과제 수행에 필요한 상호작용과 모둠활동의 기술들을 발전시킬 수 있다. 그 모둠 속에서 어떤 특정한 목표를 가지고 자기가 가지고 있는 인간관계 스킬이라든가, 상호작용 스킬들을 발전시킬 수 있다. 그다음에는 문제를 공유하고 해결함에 있어서 적극적인 의사소통이 필요하다. 이를 위해 토론의 장을 마련할 수 있고, 토론에 적극 임함으로써 높은 자존감을 형성할 수 있고, 의미를 갖는 감각을 촉진함으로써 학습을 성공적으로 수행하게 된다.

여기에서 교사들의 역할도 있다. 교사들이, 그룹을 구성하게끔 한 지도자나 튜터라고 할 수 있는데 교사들의 협동도 매우 중요하다. 어떠한 학습 팀이 있으면, 지도하는 튜터들의 협동도 매우 중요하다는 것이다. 예를 들어서, 어떤 교과목을 수강하면서 팀 프로젝트를 한다고 하면, 조교, 또는 교수님들, 교수님과 다른 교수님들의 협동, 또는 그 교수님과 어떤 기관과의 협동은 매우 중요하다는 것이다. 어느 대학에서는 지역의 어떤 문제들을 해결하는 수업을 대학에서 수행한다. 팀을 조직해서 어느 국가가 당면하고 있는 사회 문제들을 발견해서 해결하는 과제를 수행하는 수업을 하는데, 이 수업에서 교수는 학생들에게 연구실에서 과제만 주는 것이 아니라 현장에 나가서 현장 전문가하고, 협동학습을 도울 수 있는 것들을 논의하게 된다. 그다음 체계적인 협동학습을 통해 서로의 갈등을 해결할 수 있도록 실마리를 제공하는데 이 협동학습은 구성주의에서 등장한다.

인터넷에 '구성주의'를 검색하면, 지식을 구성하는 방식이라고 나온다. 지식이라는 것은 개인이 스스로 찾아 나가고 탐색하는 것인데 협동학습은 혼자서 지식을 찾아서 내 것으로 만들기보다는 여러 사람의 지식을 내 것으로 만들고 서로가 협동을 통해서 다른 사람이 가지고 있는 지식을 공유하는 것들을 의미한다. 이런 점에서 협동학습은 다문화사회에서 매우 중요한 학습 도구라고 생각한다.

다시 한 번 생각해 보자. '문화를 어떻게 이해할 수 있을까'라는 과제가 있을 때 협동학습을 적용시켜보면, 특히 사회적인 독립성, 즉 우리가 하나의 사회를 구성하고 있다면 그 사회 속에서 협동, 경쟁, 개별적 학습 유형들이 있을 수가 있고 협동적 학습 모둠, 경쟁적 학습 모둠, 개별적 학습 모둠이 있다고 본다. 긍정적인 상호신뢰감을 구성하는 것이 협동적 학습이라고 했다. 예를 들어서, 문화를 어떻게 이해할 수 있을까라는 문제를 여기 대입하면, 협동적 학습에서는 문화를 이해하고 문화다양성을 찾는데 한 학생이 아니라 여러 학생이 주제를 가지고 논의하고 미팅을 문화를 어떻게 이해할 수 있는가를 자기가 자신 있는 방식으로 수행해서 그 결과를 모으는 것이다. 경쟁적인 것은, 주로 개별 학습과 비슷한 것이다. 쉽게 하면, 혼자서 문화를 어떻게 이해하는가를 조사하고 찾는 것이다. 그러면 시간과 노력이 많이 들고, 개인의 역량에 따라서 잘한 학생과 못한 학생이 달라진다. 경쟁적 개별적 학습에서는 이와 같이 나타난다. 개별적 학습은 혼자 하는 것이며 경쟁학습은 누군가와 누구를 비교시키는 것이다. 물론 잘하는 학생들은 협동적 학습에서도 지속적으로 잘하는 것으로 나타난다. 이러한 결과는 연구 논문에서도 종종 나오지만 협동학습을 통해서는 못 하는 학생들의 성취도 올라간다. 그래서 잘하는 학생과 못하는 학생을 섞어서 팀을 구성하게끔 하는데 때때로 잘하는 학생들은 불만이 있을 수 있다. 혼자 경쟁하면 잘할 수가 있는데 협동을 해야 하기 때문이다. 그런데 여기서 잘하는 학생들은 협동학습을 통해 인간관계를 배울 수 있고 못하는 학생들은 성취도가 올라간다. 경쟁이나 개별적 학습에서는 잘하는 학생들은 그대로 잘하게 되지만 못하는 학생들은 낙오된다.

다문화사회에서 모두가 행복하기 위해서는 어떤 것을 선택해야 할까? 바로 협동적 학습을 선택해야 한다는 것이다. 협동학습의 결과로 나타나는 것 중 성취 의욕의 증가는 긍정적인 관계가 구성된다. 또한 심리적으로 뭔가를 성취하고, 다른 사람과 연계를 통해 성취했다는 자신감이 증가된다. 협동학습에서 성공할 수 있는 다섯 가지 요소 또는 성취를 통해서 얻은 다섯 가지 요소는 첫 번째, 긍정적인 상호의존이다. 그다음은 개인적인 책무성이다. 또 하나는 굉장히 적극적인(active) 상호작용이 일어나며, 이를 사회적 기술(social skill)이라고 표현하는데, 이 기술은 인간관계와 관련성이 있다. 그다음은 그룹 진행이다. 어떤 그룹들을 구성하고 팀에서 문제를 해결하기 위한 진행에 대한 어떤 스킬들이 높아진다는 것이다. 이 다섯 가지 요소들은 협동학습 통해서 나타나는 영향 또는 기대효과라고 이해하면 된다.

협동학습의 형태

협동학습에서는 세 가지 형태가 있다. 형식적 협동학습, 비형식적 협동학습, 협동적 기본 모둠, 이 3가지로 구성이 된다. 형식적 협동학습은 상당히 포괄적으로 교수가 계획을 다 세우는 것이다. 수업 전에 계획을 수립하고 학생들에게 그 계획을 설명해 주고 수업 시간에 팀 과제를 내주는 교수님들이 형식적 협동학습을 하는 것이라고 생각하면 된다. 모둠을 관찰하고 과제 수행에 협동학습을 시키고 학습과 모둠 활동의 효과성을 평가하는 것이 포함된다. 처음부터 계획하고 실행하고 평가하는 형태를 형식적 협동학습(formal co-operative learning)이라고 한다. 어떻게 보면 협동학습의 전형이라고 볼 수가 있다. 또 다른, 협동학습을 할 때 거기에서 얻어낸 자료들을 새로운 프로그램을 통해 활용하는 것을 우리는 형식 학습이라고 부른다. 비형식적 협동학습은 학습자들의 시선을 학습 자료에 집중시키든가, 학습에 도움이 되는 부분을 만들든가, 수업 시간에 이루어질 예상 목표를 설정하도록 돕는다든지, 배운 것을 예약하고 다음 수업을 예고하여 수업 시간을 정리하는 것이다. 이러한 수업 시간에 교수가 늘 수업을 이끌어 갈 때 약한 교수적인 측면을 강화하는 것이다. 학습자 측면보다 교수 측면이 강조된 부분들을 비형식적 협동학습이라고 부르고 물론 비형식적 협동학습이 나타날 때도 학습자들 상호관계에서는, 이런 걸 통해서도 서로가 서로에게 상호적 신뢰감을 구성하게끔 만들어 주고 있다.

협동적인 기본 모둠은 유치원이나 초등학교에서 수업 통해서 굉장히 많이 하고 있다. 대학에서도 모둠별로, 팀별로 어떤 과제를 수행할 때 사용하는 방법이다. 이것은 이제 학문적으로 발전된 것들, 인지를 발달시키거나, 상호성을 발달시킬 때 협동학습의 구성원들을 지원하고, 돕고, 격려하는 형태를 말한다. 이러한 형태는 어떤 학교 안에서 오랫동안 관심을 서로 주고받는 관계성을 제공하고 모둠원들이 학교에서 지속적으로 노력할 수 있도록 영향을 준다. 어떤 수업에서 팀별로 구성했을 때 수업 시간 이외에도, 밖에서도 서로 스터디하고 얘기도 함께 나누는 것 등이 포함된다. 이 기본 모둠은 잘만 활용하면, 굉장히 좋은 효과를 가져올 수가 있다. 또한 이 기본 모둠은 출석률을 향상시킬 수 있다.

'아, 내가 이 수업에 빠지면 거기 그룹에 안 가게 되면 스스로가 도덕적으로. 여러분들이 미안하잖아.'라고 생각하게 되고 어떤 모임에 안 나가게 되면 '아, 내가 저기 안 나가면 안 되겠는데.' 이런 도덕적인 의무감을 만들어준다는 것이다. 그다음 학교 경험을 개별화라든가, 배움의 질과 양을 개선하는데 긍정적인 효과를 제공하는 게 바로 협동적인 기본 모둠이라고 말한다.

11

세계시민교육과 지속가능사회

세계시민성과 지속가능성

우리가 지구에 산다는 것을 부정하는 사람은 아무도 없을 것이다. 그런데 지구를 위해 '어떻게' 의미 있는 삶을 살아야 하는지, 그 답이 세계시민으로 사는 것이라는 것을 아는 사람은 그렇게 많지 않을 것이다.

이 글은 바로 이 '막연한' 추측에 대한 '단순한' 대답을 세계시민성과 지속가능성에서 찾고자 한다. 이 두 가지는 모두 역량에 해당하나 전자는 시민이 가져야 하는 개인적 역량이고, 후자는 그 시민들로 구성된 사회집단이 지녀야 하는 사회적 역량이라는 차이가 있다. 이 두 가지 역량은 '지구를 위한 두 가지 지침'으로서 어울려 살아가는 세계의 모든 구성원이 준수해야 할 의무라고 단언한다.

필자가 이렇게 주장하는 이유는 지구의 구성원들은 서로 긴밀히 연결되어 있고, 세대와 세대를 거쳐 이어져 왔기 때문이다. 우리는 복잡하게 서로 얽히고 설켜 상호의존적인 세계에 살고 있다. 최근 전 세계를 엄습한 팬데믹과 이에 대한 대응을 거치며 우리는 초국적 연결의 중요성을 이해하였고, 초국적 연대가 얼마나 중요한지 경험하였다. 이와같이 특정 국가가 직면한 문제는 해당 사회 구성원뿐만 아니라 세계가 함께 직면한 문제가 되었고, 지구 공동체 구성원 모두에게 영향을 미친다. 예를 들어 국가 간 갈등, 테러, 빈곤, 기후 변화, 환경 파괴 및 천연자원 관리 등을 이에 포함할 수 있다. 이런 문제들이 발생하면 해당 국가들은 물론이고 주위의 연관 국가들까지도 상호협력하여 문제를 해결해야 하는 책임을 지니고 있다.

이런 맥락에서 UNESCO는 세계시민교육을 위한 가이드북을 제작하였다. 특히 연합학교 프로젝트 네트워크의 지속가능한 개발을 위한 세계시민교육 방법을 소개하였다. 이 책은 세계시민교육과 지속가능개발교육을 학생들에게 소개하고 실제 사회에 적극적으로 기여할 수 있는 아이디어와 활동을 제공하는 것을 목적으로 제작되었다. 가이드북은 다음 내용을 포함하고 있다.

- 세계시민이 된다는 것이 무엇을 의미하고 어떻게 지속가능한 발전에 기여할 수 있는지에 대한 개관
- 가정, 학교, 지역사회, 국가 및 전 세계에서 활발하게 활동하기 위한 아이디어
- 전 세계의 연합학교 프로젝트 네트워크 가입 학교에서 세계시민교육과 지속가능개발교육을 위한 활동

여기서 강조하는 세계시민성은, 국가의 범주를 넘어선 더 넓은 네트워크에서 느끼는 공통의 인간애로, 지역이나 세계라는 공간의 구분을 넘어선 사람들 간의 연결과 소속감을 강조한 개념이다.

더불어 세계시민성은 인권, 민주주의, 차별 금지 및 다양성의 보편적 가치에 기반을 둔다. 즉, 세계시민은 이런 가치를 생활세계 차원에서 실천하며, 더 나은 세상과 미래를 추구하는 시민을 의미한다. 다시 말해, 세계시민성 및 지속가능성 역량을 확보하는 것은 전 지구적 문제에 적극적으로 대응하고 이를 해결하는 열쇠가 된다.

이를 통하여 우리는 "평화롭고 지속가능한 사회를 건설할 수 있다."는 공동의 믿음을 가질 수 있다. 공동의 믿음을 지닌다는 것은 지구 구성원으로서 우리가 타자성을 가지고 '어울려 사는 것'과 맥락을 같이한다. 어울려 사는 법을 배우는 것이 세계시민교육과 지속가능발전교육이며, 이 두 가지 교육은 곧 우리나라 교육과정의 인재상 중 하나인 '더불어 사는 사람'을 위한 '어울림'의 교육으로 수렴된다.

그런데 정작 '더불어 사는 사람'의 인재상이 등장한 이유를 알 필요가 있다. 지구의 모든 사물과 사건은 시간과 공간속에서 소멸과 생성을 거듭한다. 소멸의 위기인 것처럼 인식되지만 또 다른 생성과 성장의 기반이 되기도 한다. 소멸, 생성, 성장의 융합이 우리사회에 절실히 필요한 시기임에 틀림없다. 필자는 이 AI의 대두, 지구온난화 등 대전환의 "함께 살아가기"를 모색하기 위해 어울림 교육을 제안한다.

GCED와 ESD 내용과 체계

세계시민교육은 "학습자가 보다 포용적이고 정의로우며, 평화적인 세상을 만드는 데 기여할 수 있도록 필요한 지식, 기능, 가치 및 태도를 길러주는 교육"을 의미한다(UNESCO, 2015: 15). 학습자가 세계의 변화에 실천적·적극적 역할을 할 수 있도록, 역량을 강화하는 것을 목표로 하는 것이다. 이에 따라 세계시민교육은 '평화와 인권', '상호문화 이해', '시민교육', '다양성과 관용에 대한 존중', '포용' 등의 다양한 주제를 포괄적으로 활용하는 다면적 교육 방안을 선택하고 있다.

지속가능발전교육은 모든 사람을 위한 더 나은 내일을 만드는 것에 관한 것이다. 시민들이 현재와 미래세대를 위해 환경, 경제 및 공정 사회를 위해 책임 있게 행동하는 것을 추동하도록 한다. 이러한 지속가능발전교육의 주요 주제는 '기후 변화', '생물다양성', '재난 위험 감소', '지속 가능한 소비', '빈곤퇴치'이다.

세계시민교육과 지속가능발전교육 모두 세계 구성원 공동의 비전을 추구한다. 이 두 가지 교육은 학습 내용뿐만 아니라 학습 방법 및 학습 환경까지도 세심하게 다룬다. 또한 학습자 개인의 행동 변화와 실천, 교육의 변화와 변혁을 중요하게 여기며, 세계적 도전에 부응하기 위한 개인의 가치와 태도를 함양하는데 초점을 두고 있다. 이러한 내용을 포함한 세계시민교육과 지속가능발전교육은 우리가 살아가는 지구에서 '공유된 미래'를 만들기 위한 노력으로 볼 수 있다.

공유된 미래를 준비하는 데 있어서 두 가지 질문을 제시할 수 있다. 일상생활에서 보다 공정하게 평화롭고 관용적이며 포괄적이고 지속가능한 세상에서 생활하기 위해 우리는 어떻게 긍정적으로 기여할 수 있는가? 지역 및 세계적 차원에서 지속가능한 발전을 지원하는 세계시민으로서 우리는 무엇을 할 수 있는가?

이 질문에 대한 답은 개인, 가정, 학교, 지역사회, 국가, 세계 영역의 실천적인 차원에 우리 자신이 어떻게 연결되어 있는지 검토하는 데서 찾을 수 있다. 나를 둘러싼 영역이 세계적 영역으로까지 확대되고, 이 영역들을 가로지르는 주요역량이 '세계시민성'과 '지속가능성'이다. 그리고 이 두 가지 역량을 함양하는 교육이 세계시민교육과 지속가능발전교육이다. 이들 교육은 변화하는 미래를 대비할 변혁적 교육을 주도하는 핵심적인 접근방법이다.

세계시민교육과 지속가능발전교육을 통해 기대할 수 있는 목표 역량은 비판적 사고, 성찰, 대화, 참여, 문제해결 능력, 창의성이다. 첫째, '비판적 사고'는 세계, 국가 및 지역 문제에 관해 학습자들이 서로 상호연관성 및 상호의존성을 탐색하는 것이다. 그럼으로써 다른 관점, 각도 및 차원에서 바라보게 된다. 둘째, '성찰'은 학습자들이 자신과 다른 사람들의 입장을 고려하고 관찰하는 것이다. 그럼으로써 철저하고 신중하게 사물을 대한다. 셋째, '대화'는 서로를 주의 깊게 경청하는 데서 시작한다. 다양한 이해 관계자와 이야기하며, 서로 다른 생각들을 이해할 수 있도록 한다. 넷째, '참여'는 협동과 협력을 포함한다. 공동의 목적을 위해 함께 일하고 행동하는 것이다. 학습자들은 토론하고 함께 도전하며 서로 경청하고 생각과 아이디어를 나눈다. 다섯째, '문제해결 능력'은 학습자들이 직면한 문제의 해결책을 찾기 위해 여러 각도에서 사물을 생각한다. 여섯째, '창의성'은 다양하고 혁신적인 방식으로 해결책을 찾는 것이다. 드라마, 연극, 음악, 디자인 및 그림을 활용하여 창의력을 자극한다.

GCED와 ESD의 연계 가능성

세계시민교육과 지속가능발전교육은 교육의 내용과 방법 측면에서 공통점이 많다. 뿐만 아니라 세계시민성과 지속가능성이란 시민 역량을 확보한다는 점에서 이 둘은 필연적으로 연계될 가능성도 높다. 그러나 지금까지 세계시민교육과 지속가능발전교육의 연계에 대한 학계의 논의는 미흡한 상황이다(이병준, 2016). 그럼에도 이들의 연계 가능성은 두 가지 모형으로 나타낼 수 있다. 첫 번째 모형([그림 1])은 세계시민교육(GCED)과 지속가능발전교육(ESD)이 거의 일치하는 개념으로 보는 관점을 토대로 한다. 두 번째 모형([그림 2])은 지속가능발전교육을 세계시민교육의 일부로 보는 관점에 기반한다.

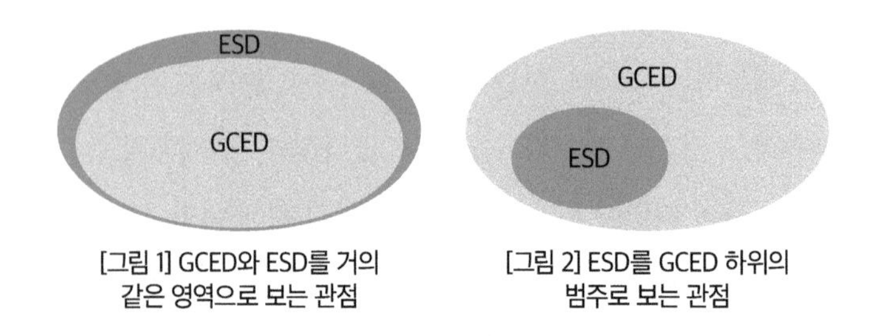

[그림 1] GCED와 ESD를 거의 같은 영역으로 보는 관점

[그림 2] ESD를 GCED 하위의 범주로 보는 관점

첫 번째 모형의 경우 세계시민교육과 지속가능발전교육의 교육 내용은 유사성이 높다. 세계시민교육 이전의 교육 의제인 '모두를 위한 교육(Education for All; EFA)'에서 학습자들의 기본교육을 강조한 바와 같이, 지속가능발전교육도 포괄적인 주제와 대상을 제시했다는 것 이외에도 상당 부분에서 중복되는 특징이 발견된다. 웨이드와 파커(Wade & Parker, 2008)는 '모두를 위한 교육'과 지속가능발전교육이 양자의 의제를 성공적으로 수행할 수 있도록 시너지를 제공하고, 밀레니엄 발전 목표(MDGs)의 성공적 달성에도 긍정적으로 기여한다고 보았다.

두 번째 모형은 지속가능발전교육을 세계시민교육의 하위 영역에 배치하는 방안이다. 다시 말해 세계시민교육을 포괄적인 시민교육의 방향으로 설정하고 지속가능발전교육을 일상생활에 관련된 세부 프로그램으로 구성하는 것이다.

이상의 두 가지 모형 모두에서 세계시민교육과 지속가능발전교육 간 연계 가능성을 찾을 수 있다. 여기서 '연계'는 양자 간 상호 관련성을 의미하며, 연계의 방식에 따라 상기 두 가지 모형에서 진보된 연계방식을 제안하였다.

첫째, 지속가능발전교육을 세계시민교육보다 상위 개념으로 보아 지속가능발전교육을 중심으로 세계시민교육의 연계를 주장하는 시각, 둘째, 세계시민교육을 포괄적인 개념으로 보아 세계시민교육을 중심으로 한 지속가능발전교육을 주장하는 시각, 셋째, 세계시민교육과 지속가능발전교육을 각각 독립된 형태의 교육으로 보아 상호보완적으로 활용해 효과적인 교육을 실천하자는 시각, 넷째, 세계시민교육과 지속가능발전교육을 융합하여 주제 교육 중심으로 실천해야 한다는 시각이 있다. 이렇듯 4개의 상이한 시각에 토대로 하면 4가지 유형의 교육과정 첫째, 지속가능발전교육을 중심으로 한 교육과정, 둘째, 세계시민교육을 중심으로 한 교육과정, 셋째, 독립형 교육과정, 넷째, 융합형 교육과정의 운영이 가능하다. 그렇지만 독립형 교육과정의 경우 연계가 아닌 독립, 내지는 분리형 운영이기 때문에 연계방안을 탐구하는 본 논의와는 다소 동떨어져 있다. 따라서 세 번째 유형은 이 글에서는 다루지 않는다.

GCED와 ESD 연계 방법

세계시민교육과 지속가능발전교육을 교육과정에 편입시키는 방법에 대해 다양한 안이 있을 수 있다. 그러나 교육과정을 사전에 검토한 후에 적절한 수준으로 교육과정에 편입시켜야 한다는 의견이 중론이다. 어떻게 교육과정을 구성할지에 대한 방향은 <표 1>과 같다.

<표 1> 세계시민교육과 지속가능교육의 연계 교육과정 운영 안

A안	B안	C안
ESD > GCED	ESD < GCED	ESD ∞ GCED

A안은 이른바 '세품지'(세계시민교육을 품은 지속가능발전교육)의 방향이다. 이 안의 경우 현실적으로 우리 교육계가 추구할 방향을 나타내고 있다. 기존의 지속가능발전교육이 환경교육 혹은 경제교육에서 출발했지만, 지금은 사회문화교육 영역으로 확대되어 범교과적으로 운영되고 있다. 이런 실태를 반영했기 때문에 사회과교육에서 수행해온 세계시민성교육을 포함하여 범교과적으로 운영할 가능성이 있다. 이 경우 통합교육을 수행하는 초등교육기관에서는 활성화될 수 있는 가능성이 크지만 교과 위주의 중등교육에서는 장애가 예상될 수 있다. 그러나 교과 내에서

역량 중심 교육과정을 운영해야 하기에 '세품지' 교육을 역량강화 교수법으로 활용할 수 있도록 해야 한다.

B안은 '지품세'(지속가능발전교육을 품은 세계시민교육)의 방향이다. 이 안의 경우 세계시민교육을 범교과적인 교육목표로 두어 행동과 실천 중심, 즉 태도와 가치 영역으로 설정하고, 지속가능발전교육을 주제 중심으로 축소시켜 지식, 이해적 측면으로 설정할 경우이다. 이 안은 지속가능발전교육이 세계시민교육을 위한 전 지구적 차원에서의 초국적 문제 영역을 제공한다.

C안은 융합형 안으로 교과별로, 수업의 형태별로 교수자가 적절하게 지속가능발전교육의 요소와 세계시민성교육 요소를 융합하여 활용하는 방법이라고 볼 수 있다. 수업 운영에 있어서 탄력적인 장점은 있으나 교수자의 역량에 따라 운영의 효과가 다양하게 나타날 수 있는 단점이 있을 수 있다.

A, B, C안 중 어떤 안이든 대부분 세 가지 단계를 거쳐 교육현장에서 실현될 수 있다. 1단계는 이론 및 이념 개발단계이다. 이에 따른 2단계 교육과정 및 교과서 개발이 이루어진다. 3단계는 교사연수 및 교육현장의 적용이다. 이를 단계별로 구체적으로 설명하면, 1단계는 지속가능발전교육과 세계시민교육 관련 학회 그리고 관련 교사 단체, 시민 단체 등 범학술적 관련 단체와 연구자들의 공청회, 관련 심포지엄 등에서 이론 및 이념 개발을 추진해야 한다. 2단계는 교과서 개발의 필요성과 구체성 및 교과서를

보완할 교재개발과 보급이 시급하게 이루어져야 한다. 특히 세계시민교육과 지속가능발전교육이 연계될 경우, 3단계 교사연수가 매우 중요한데 연수에 사용될 교재가 개발되어야 한다. 연수 참여 경험이 있는 교사를 주축으로 교사 학습공동체 및 연구회를 중심으로 수업모델을 개발하게 하고, 우수한 프로그램을 공유할 필요가 있다.

세계시민교육과 지속가능발전교육 연계 프로젝트에 대해 각 기관의 역할 영역을 살펴보면 교육부가 기본적으로 큰 틀을 제시한 후에 예산 지원과 교육과정 속에 포함을 시켜야 한다. 또한 시민단체가 가지고 있는 자료와 프로그램 및 경험들을 학교와 공유함으로써 세계시민교육 연계 지속가능발전교육을 활성화시킬 수 있다. 또한 교사들이 수업 지도안이나 실제 사례들을 공유해서 학교 중심으로 서로 교육과정을 협의하는 것이 학교의 역할이다.

세계시민교육과 지속가능발전교육 연계 프로젝트를 확산시키기 위해서는 우선 모델학교를 지정하고 운영하는 것과 관련 전문성 향상을 위한 컨설팅 집단의 운영이 필요하다. 더욱이 학생의 자발적인 참여를 끌어내기 위한 교육적 장치를 구안할 필요가 있다. 또한 학교의 부담을 줄이고 교육 홍보를 효과적으로 하기 위해서는 시도교육청 차원의 지원이 요망된다. 특히 SNS를 활용한 미디어 홍보 및 공익광고 등 이미지 홍보 활용이 필요하다.

세계시민교육과 지속가능발전교육 연계 프로젝트는 교육청만의 과업은 아니다. 결국 다양성이 만연한 다문화사회에서 '더불어 사는' 시민들을 위해서는 평생교육 차원의 접근도 중요하다. 교육청이 지역사회 주민을 대상으로 진행하는 교양 강좌, 봉사 동아리 활동의 실천지향적 캠페인도 필요하다. 이를 위해 민간 시민단체, 지자제, 교육지자체, 지역 내 대학 등의 민·관·학 거버넌스가 필수적이다.

공유된 미래 만들기 사례

세계시민교육과 지속가능발전교육 연계 프로젝트를 성공적으로 수행하고 있는 교육지자체 사례로서 인천광역시교육청의 시민교육 정책을 들 수 있다. 인천광역시교육청의 세계시민교육과 지속가능발전교육 연계 프로젝트는 B안, 즉 '지품세'(지속가능발전교육을 품은 세계시민교육)의 양상을 띠고 있다.

인천형 세계시민교육을 표방하는 이 연계 프로젝트를 위하여, 인천광역시교육청은 교육청 내 조직과 부서를 재구조화하였다. 교육청 내 세계시민교육의 정책 기획과 실현을 담당하는 동아시아시민교육과를 설치하고, 부속기관으로 동아시아국제교육원을 설치·운영 중이다(인천광역시교육청, 2023). 생물 다양성 교육과 인천 지역교육을 위한 '바다학교'와 평화와 인도주의 교육을 위해 '난정평화원'을 설치하여 지품세 교육을 강화하였다.

인천광역시교육청은 시민교육의 일환으로 올·결·세(올바로, 결대로, 세계로) 교육 방침을 설정하고, 읽·걷·쓰(읽기, 걷기, 쓰기) 교육을 실천 지침으로 삼았다. 구호와 계획만의 세계시민교육이 아니라 교육 목표와 실천 지침이 일상생활에서 작동될 수 있는 체계를 구현했다. 이를 위해 초등학교 210교와 중학교 105교 등 모두 315교 세계시민교육 담당자를 대상으로 비대면 역량 강화 연수를 실시했다. 세계시민교육 선도 교사들이 학년과 학교급별 성취기준에 맞춰 인천 지역자원과 연계한 세계시민교육 프로젝트 수업 우수 사례를 공유하는 시간도 가졌다. 인천형 세계시민교육은 로컬로서 인천의 이해와 지역자원을 연계한 교육활동을 통해 세계시민성과 글로벌 역량을 함양하는 교육이다. 그럼으로써 학생의 진로를 주도적으로 개척하고 지속가능한 지구 실현을 위해 책임감 있게 행동하는 세계시민을 양성하는데 기여한다.

인천형 세계시민교육 추진을 위해 인천세계시민학교 61교를 선정하고 연간 최소 68회 이상 학교교육과정과 연계, 세계시민교육을 운영한다. 인천형 세계시민교육은 인천의 특성을 반영한 세계시민교육이며, 학생들이 저마다의 소질과 개성을 바탕으로 세계에 나가도록 돕는 교육이다. 따라서 인천광역시교육청은 '세계로 교육' 추진을 위해 인천 바로 알기, 국제교류, 외국어 역량교육에 중점을 둔다. 특히 국제교류 확대를 위해 '1만명 국제교류

시대'를 열어갈 세계로배움학교를 운영한다(인천광역시교육청, 2023). 이 학교에서는 인성·세계시민성, 글로벌진로·직업체험, 국제학술·문화교류 등의 영역을 구체화해 국제교류 학생을 확대하고 있다. 이런 세계시민교육과 지속가능발전교육 연계 프로젝트를 실천하는 인천형 세계시민교육의 핵심은 학생들로 하여금 인천을 바로 알고, 세계로 나아가 지속가능한 지구촌을 만드는 책임 있는 세계시민 의식을 갖게 하는 것이다.

인천형 세계시민교육은 필자가 제안한 세계시민교육과 지속가능발전교육 연계 프로젝트의 현장 실험장인 셈이다. 이 프로젝트의 성공 여부는 정책의 기획에서 실행과 평가를 비롯해 성과 확산에 이르기까지 민·관·학 거버넌스 체계에 달려있다. '어울림'의 노력 없이 '공유된 미래'는 결코 그냥 오지 않는다.

12
사회적 소수자와 젠더 갈등

소수자의 개념과 유형

소수자는 다수자에 대립하는 개념으로, 단순히 숫자의 많고 적음에 따라 결정되는 것이 아니라, 사회적·문화적·정치적으로 주류에서 벗어나 있는 집단을 의미한다. 소수자는 그 사회에서 지배적인 위치에 있지 않으며, 사회적·경제적·정치적 권력에서 배제되거나 억압받는 위치에 있다. 이들의 소수성은 수적인 소수성에 국한되지 않으며, 그들이 속한 사회의 주류 가치나 규범에 포함되지 않거나 소외된 상태를 나타낸다.

'소수자'(minority)는 다수자(majority)와 대비되는 개념으로, 다수자가 수용하거나 누리는 관습, 이념, 사상과 다른 견해를 지닌 소수집단이나 권력의 중심에서 배제된 계층을 뜻한다. 소수자는 인종, 민족, 문화, 성별, 성적 지향, 종교 등 다양한 요인에 따라 규정될 수 있다. 이들은 사회적 다수의 규범이나 문화와 다르게 행동하거나, 다수자의 기대와 다른 정체성을 가짐으로써 차별과 억압의 대상이 될 수 있다. 따라서 소수자 개념은 그 사회에서 사회적 권력 구조의 맥락에 의해 결정되며, 단순한 수적 소수성보다는 그들의 사회적 위치와 권리 상태에 주목한다.

비슷한 개념으로 사회적 약자는 사회적으로 힘이나 세력이 약해 불리한 위치에 처한 사람이나 집단을 의미한다. 이는 시대와 문화에 따라 달라질 수 있으며, 외모, 능력, 성격, 성향, 문화 등이 사회의 주류와 다르거나 부족하여 차별과 불이익을 겪는 사람들이다. 사회적 약자는 단순히 불리한 위치에 있는 개인이나 집단을 뜻하는 반면, 소수자는 특정 특성으로 인해 차별받는 집단의식을 가진 경우를 말한다.

사회적 약자와 소수자를 구분하는 몇 가지 주요 기준이 있다. 우선 영구성인데 이 기준은 차별의 이유가 일시적이면 사회적 약자, 영구적이라면 소수자로 분류된다. 특수성의 경우는 사회 구성원 누구나 해당 특성을 가질 수 있다면 사회적 약자, 일부만이 해당 특성을 가질 수 있다면 소수자다. 또한 대체 불가능성이 있다. 차별받는 특성을 다른 장점으로 극복할 수 있으면 사회적 약자, 그렇지 않으면 소수자다. 또 다른 기준은 집단의식이다. 소수자는 집단의식을 가지는 경우가 많지만, 사회적 약자는 개인적인 고립 상태가 더 일반적이다.

이러한 소수자 유형은 다양하다. 인종적 소수자로부터 민족적, 성적, 종교적 소수자 등이 있다. 인종적 소수자는 사회 다수와 다른 인종적 배경을 가진 집단을 의미한다. 이들은 주류 사회에서 인종 차별을 경험할 수 있으며, 피부색이나 인종적 특성으로 인해 차별을 당하거나 기회에서 배제되는 경우가 많다. 역사적으로 많은 인종적 소수자들이 제도적 차별과 경제적 착취의 대상이 되어 왔으며, 이들의 권리를 보호하기 위한 인권 운동이 활발히 전개되었다.

민족적 소수자는 사회 내에서 다수와 다른 민족적 배경을 가진 집단이다. 이들은 언어, 문화, 전통 등이 다수 민족과 다르며, 그로 인해 차별과 억압을 받을 수 있다. 민족적 소수자들은 자국 내에서 문화적 소수자로 기능할 수 있으며, 이들의 정체성과 문화적 특성을 존중하고 보호하는 것이 필요하다.

성적 소수자는 성적 지향이나 성정체성이 다수자와 다른 집단을 의미한다. 예를 들어, 동성애자, 양성애자, 트랜스젠더 등의 성적 소수자들은 성적 지향이나 성별정체성으로 인해 차별을 경험할 수 있다. 성적 소수자들의 권리는 사회적 차별을 해소하기 위해 특별히 보호받아야 하며, 이들의 권리 보장을 위한 법적·정책적 장치가 필요하다.

종교적 소수자는 사회에서 주류 종교와 다른 종교를 믿는 집단을 의미한다. 이들은 종교적 신념으로 인해 차별이나 억압을 받을 수 있으며, 종교의 자유를 보장받기 위한 보호가 필요하다. 특히 종교적 소수자는 그들의 신앙이 주류 사회와 충돌할 때 더 큰 억압을 경험할 수 있으며, 이들의 신앙과 종교적 관습을 존중하는 것이 중요하다.

소수자 차별 사례와 대책

외국인근로자는 한국 경제에 중요한 역할을 하지만, 3D업종에서 저임금과 열악한 근로 환경, 비인간적 대우를 받는 경우가 많다. 특히 불법 체류 신분일 경우 의료 서비스 등 기본 권리조차 보장받기 어렵다. 정부는 외국인근로자 보호법과 산업재해보상법을 통해 보호하고자 하지만, 실효성이 부족하다. 외국인근로자 인권 및 고용주 교육 강화, 법률 및 상담 지원 센터 확충, 사회통합 프로그램 강화가 필요하다.

성적 소수자와 성전환자는 법적 절차와 사회적 차별에서 어려움을 겪고 있다. 특히 성전환자는 신분증과 법적 성별 변경 과정에서 성전환 수술을 요구받는 등 까다로운 요건을 맞닥뜨린다. 성적 소수자 차별금지법 제정이 시급하며, 성전환자의 성별 변경 절차는 수술 여부와 상관없이 완화되어야 한다. 성소수자 인권 교육과 법률·심리 상담 서비스 확대도 필요하다.

혼혈인은 외모나 문화적 차이로 인해 학교, 직장 등에서 차별과 배제를 경험하며, 정체성 혼란을 겪는다. 한국사회에서 한국인으로 인정받기 어렵고, 외국인으로 분류되는 경우가 있다.

다문화가정 지원 정책을 강화하고, 혼혈인을 위한 특화된 정체성 형성 프로그램과 초·중·고 교육현장에서의 차별 방지 인식 개선 교육이 필요하다. 미디어를 통해 긍정적인 이미지를 확산하는 것도 중요하다.

장애인은 고용, 교육, 대중교통 접근성 등에서 차별을 겪으며 경제적 불안정 속에서 생활한다. 장애인고용촉진법이 시행 중이지만 안정적인 일자리 확보는 여전히 어렵다. 장애인 접근성을 개선하는 인프라 구축, 고용 환경 개선, 교육 기회와 복지 서비스 접근성을 확대해야 한다. 사회적 인식 개선을 위한 교육과 캠페인도 필요하다.

이슬람교와 같은 종교적 소수자는 종종 부정적인 인식과 편견에 직면해 차별을 경험하며, 특정 종교집단은 고용과 사회 생활에서 어려움을 겪는다. 종교자유법 강화와 교육현장에서 종교적 다양성 존중 교육을 강화할 필요가 있다. 종교적 소수자 보호 법적 장치와 사회적 인식 개선 캠페인도 중요하다.

고령화 사회에서 노인층은 경제적 취약성과 사회적 고립 문제를 겪고 있으며, 일부에서는 노인에 대한 부정적 인식과 연령 차별이 발생하고 있다. 노인의 경제적 자립을 위한 일자리 창출 정책과 복지 서비스 확충이 필요하며, 젊은 세대와의 소통을 증진하는 세대통합 프로그램을 통해 상호 이해를 높이는 것이 중요하다.

한국사회에서는 특정 인종, 특히 동남아인, 흑인 등 외모와 피부색, 경제적 배경, 그리고 지식 수준에 기초한 선입견과 편견이 여전히 존재한다. 또한 탈북자는 사회 적응과정에서 차별을 경험하며, 경제적 불안정과 사회적 고립 문제를 겪고 있다. 교육, 고용, 주거 문제에서 어려움을 겪으며 한국사회에 통합되기 어렵다.

특정 인종과 국적에 대한 차별을 방지하기 위해 차별금지법과 같은 포괄적 법률과 사회적 인식 개선 교육, 탈북자에 대한 차별

해소를 위해 직업 교육, 일자리 제공, 심리 상담 서비스 강화, 사회적 지원 프로그램 등이 필요하다.

학생들은 성적, 외모, 사회적 배경으로 차별을 겪으며, 교육현장에서 교사나 동료 학생들로부터 부당한 대우를 받을 수 있다. 학생 인권 문제는 종종 간과되어 학생들의 권리가 충분히 보호되지 않는다. 학생 인권 조례 확대와 인권 교육 강화가 필요하며, 학생들이 정서적·심리적으로 안정적인 환경에서 성장할 수 있도록 학교와 지역사회가 함께 심리 상담 및 정신 건강 지원 서비스를 제공해야 한다.

소수자 보호

소수자 보호는 민주주의에서 중요한 원칙 중 하나로, 다수의 횡포로부터 소수자의 권리를 지키기 위한 제도적 장치이다. 소수자는 사회의 주류 계층과는 다른 정체성이나 배경을 가지고 있으며, 이로 인해 차별받거나 억압받을 수 있다. 이러한 차별과 억압은 단순한 개인적 불이익에 그치는 것이 아니라, 그 집단의 문화적·사회적 정체성까지 부정되는 경우도 있다.

소수자는 대개 사회적 지위가 종속적이거나 피차별적인 상태에 놓여 있다. 예를 들어, 인종적·민족적·문화적·언어적·종교적 배경으로 인해 사회에서 주류 집단과 다른 소수집단은 다수자의 지배적 위치에 의해 권리나 경제적 기회에서 배제될 수 있다. 이러한 상황은 소수자의 기본적 권리와 인간적 존엄성을 훼손하는 결과를 낳을 수 있으며, 따라서 소수자는 특별히 보호받아야 할 필요가 있다.

소수자 보호의 중요성은 단순히 그들의 생존을 위한 것이 아니라, 사회 내에서 다양성을 존중하고, 공정하고 평등한 사회를 이루기 위한 필수적인 요소로 간주된다. 소수자의 권리를 보장하는 것은 그들의 집단적 정체성을 보호하며, 궁극적으로 사회 전체의 조화와 통합을 이루는 데 중요한 역할을 한다.

자유민주주의 사회에서 국가가 소수자에 대해 기본권 보장의 의무를 다하는 것은 자유민주주의의 본질을 유지하기 위한 핵심 원칙이다. 민주주의 사회에서 법체계의 통합적인 이념은 소수자의 기본적 인권을 보호하고, 그들의 권리를 동등하게 보장하는 데 중점을 둔다. 소수자 보호는 다수결 원칙에 의해 발생할 수 있는 다수의 횡포로부터 소수자를 보호하는 법적 장치를 제공하며, 이를 통해 민주주의 사회에서의 공정성과 평등을 실현한다.

소수자 보호는 자유와 평등이라는 두 가지 가치의 조화를 이루는 것이 중요하다. 이는 자유와 평등의 조화라는 원칙하에 이루어지며, 법적으로 소수자를 보호하는 것은 실질적인 평등을 보장하기 위한 필수적인 과정이다.

소수자에 대한 법적 취급은 자유와 평등이라는 두 가지 중요한 가치 사이에서 균형을 맞추는 문제이다. 자유민주주의 사회에서 자유는 모든 개인이 자신의 권리를 자유롭게 행사할 수 있도록 보장하는 중요한 원칙이지만, 동시에 평등은 특정 집단이나 개인이 사회적·경제적으로 차별받지 않고 동등한 기회를 가질 수 있도록 보장하는 것이 필요하다.

분배적 정의는 이러한 자유와 평등의 조화를 이루기 위한 이론적 틀이다. 이는 실질적 평등을 보장하기 위해 자원을 공정하게 분배하는 개념으로, 특히 소수자와 같이 사회적 불리함을 경험하는 집단에게 특별한 보호와 지원이 필요함을 강조한다. 소수자에 대한 보호는 단순히 형식적인 법적 평등을 넘어, 그들이 처한 불리한 조건을 완화하고 실질적인 평등을 실현하기 위한 구체적인 지원을 제공하는 것을 목표로 한다.

소수자의 개념은 시대적 배경과 사회적 상황에 따라 달라질 수 있다. 소수자는 단순히 숫자의 문제가 아니라, 사회적 권력 구조 내에서 차별받거나 억압받는 집단을 의미한다. 따라서 소수자의 개념은 그들이 처한 상황과 맥락에 따라 구체적으로 정의되어야 하며, 이러한 정의가 공정하게 이루어질 수 있도록 사회적 인식 개선이 필수적이다.

사회적 인식 개선을 위해서는 교육과 미디어의 역할이 중요하다. 소수자에 대한 편견과 오해를 해소하고, 그들의 권리와 존엄성을 존중하는 문화를 조성하는 것이 필요하다. 이를 위해 정부와 민간단체는 인권 교육과 인식 개선 캠페인을 지속적으로 시행해야 하며, 소수자들이 사회에서 동등한 시민으로서 존중받을 수 있는 환경을 조성해야 한다.

장애인차별금지 및 권리구제에 관한 법률은 장애인의 권리를 보호하고 차별을 금지하기 위한 중요한 법적 장치이다. 그러나 이 법은 여전히 많은 한계를 가지고 있으며, 장애인들이 실제로 차별을 경험하는 상황에서 충분한 보호를 제공하지 못하는 경우가 많다.

법률의 개선 방안으로는 장애인에 대한 접근성 향상, 고용 기회 확대, 교육에서의 차별 해소 등이 포함될 수 있다. 특히 장애인의 사회적 통합을 위해서는 법적 보호뿐만 아니라, 장애인이 자립하고 사회에서 동등한 기회를 가질 수 있도록 실질적인 지원이 필요하다. 이를 위해 장애인 고용 촉진, 교육 기회 확대, 복지 서비스 강화 등이 필수적이다.

성적 소수자는 한국사회에서 여전히 많은 차별과 억압을 경험하고 있는 소수자 집단 중 하나이다. 성적 지향이나 성정체성으로 인한 차별을 해소하고, 그들의 인권을 보호하기 위한 구체적인 보호 방안이 필요하다.

성적 소수자에 대한 법적 보호는 차별금지법 제정과 같은 포괄적인 법적 장치를 통해 실현될 수 있다. 성적 소수자들이 사회에서 차별 없이 평등한 권리를 보장받을 수 있도록 법률 상담 서비스와 심리적 지원 프로그램을 강화하는 것이 필요하다. 학교와 직장에서의 성소수자 차별을 금지하는 구체적인 규정 마련과 함께 인식 개선 교육도 필수적이다.

차별금지법은 성별, 인종, 종교, 성적 지향, 장애 등 다양한 이유로 발생하는 모든 형태의 차별을 금지하는 법이다. 차별금지법은 소수자의 인권을 보호하고, 모든 시민이 차별 없이 평등한 기회를 누릴 수 있도록 보장하는 데 핵심적인 역할을 한다.

차별금지법은 특히 성적 소수자, 장애인, 이주민 등 다양한 소수집단의 권리를 보호하는 법적 장치로 작용할 수 있다. 한국에서 차별금지법 제정은 사회적 합의를 이루기 어려운 상황이지만, 이러한 법안이 통과된다면 소수자에 대한 차별 문제를 해결하고 평등한 사회를 실현하는 데 큰 도움이 될 것이다.

소수자에 대한 차별은 법적 차원에서 해결될 뿐만 아니라, 사회적·제도적 차원에서도 개선되어야 한다. 특히 소수자에 대한 인권 침해 요소를 찾아내고, 이를 제거하는 과정이 필요하다. 교육, 고용, 의료, 주거 등 사회 전반에서 소수자들이 경험하는 차별을 해소하기 위한 제도적 개선이 필수적이다.

소수자 차별과 관련된 제도 개선은 법적 보호뿐만 아니라, 공공 서비스의 접근성 향상, 사회적 편견 해소, 경제적 지원 등 다양한 측면에서 이루어져야 한다. 정부는 소수자들이 공정하게 사회에 참여할 수 있도록 필요한 법적, 제도적 장치를 마련하고, 민간 차원에서도 이를 뒷받침할 수 있는 노력이 필요하다.

젠더 갈등의 요인

젠더 갈등은 남성과 여성 간, 또는 다른 젠더집단 간의 사회적, 경제적, 정치적 불평등과 차별로 인한 갈등을 의미한다. 이 갈등은 주로 젠더에 따른 불평등한 권력 구조, 성 역할의 고정관념, 경제적 기회 및 자원의 불균등한 분배에서 비롯된다. 특히 최근에는 경제적 위기, 고용 불안, 변화하는 사회적 규범과 기대가 복합적으로 작용하면서 젊은 세대들 간의 젠더 갈등이 두드러지게 나타나고 있으며, 중장년층과 청년 세대 간의 젠더 관련 인식 차이 역시 중요한 갈등 요소로 부각되고 있다.

현대사회에서 젠더 갈등이 심화되는 데는 여러 요인이 작용하고 있다. 이를 구체적으로 제시하면 다음과 같다.

첫째, 경제적 불안과 경쟁 심화이다. 최근 젠더 갈등의 주요 요인 중 하나는 청년 세대 사이에서 발생하는 경제적 불안과 고용시장에서의 경쟁 심화다. 특히 2008년 글로벌 금융위기 이후 경제적 기회가 축소되면서, 고용 불안정과 취업 경쟁은 남성과 여성 모두에게 큰 압박을 준다. 이러한 상황에서 남성 청년들은 과거에 비해 취업 시장에서의 경쟁이 더욱 치열해졌으나, 여성의 경우 여성 할당제나 고용 평등 정책이 시행되어 일부 청년 남성들에게는 이를 불공정하게 인식하기도 한다. 이는 남성들에게 여성들이 제도적 우대를 받는다는 생각을 하게 만들며, 젠더 갈등을 심화시키는 요인으로 작용한다. 특히 공기업이나 대기업에서 여성에게 가산점을 부여하는 정책이 청년 남성들 사이에서 불평등의 원인으로 지목되기도 한다.

둘째, 변화하는 성 역할과 문화적 갈등이다. 성 역할에 대한 전통적 인식이 변화하면서 젊은 세대 간 젠더 갈등이 더욱 두드러지고 있다. 특히 여성들이 교육 수준이 높아지고 사회적, 경제적 지위를 추구하는 과정에서 전통적인 가부장적 성 역할에 도전하는 모습이 보인다. 남성들은 여성들의 경제적 자립과 커리어 성공을 지지하면서도, 전통적으로 남성에게 부여된 경제적 부양 역할을 여전히 부담스럽게 받아들이는 경향이 있다. 이러한 변화는 청년 남성들이 여성들에게 더 많은 기회가 주어진다는 인식을 형성하게 하고, 여성들은 남성들이 여전히 전통적인 성 역할을 강조하려 한다고 느끼게 만든다. 이러한 상호 불신은 청년 세대 간 젠더 갈등의 중요한 요인이 된다.

셋째, 성평등 담론과 페미니즘에 대한 반감이다. 최근 청년 세대 내에서 페미니즘에 대한 반감이 젠더 갈등을 심화시키는 중요한 요소로 나타났다. 특히 젊은 남성들 사이에서는 페미니즘이 남성의 권리를 침해하거나 남성을 억압하는 이데올로기로 인식되는 경향이 있다. 이는 '반(反)페미니즘' 또는 '탈(脫)페미니즘' 운동으로 이어지며, 젠더 평등 담론 자체가 왜곡되어 갈등을 증폭시키는 결과를 낳는다. 반면 여성들은 여전히 성차별적 구조가 존재한다고 느끼며, 성평등을 위한 더 강력한 정책과 제도적 지원이 필요하다고 주장한다. 이러한 상반된 인식 차이는 온라인 커뮤니티와 사회적 미디어에서 더욱 두드러지게 나타나며, 청년 세대 간 남녀 갈등을 심화시키는 중요한 요인으로 작용한다.

넷째, 청년 세대와 중장년층 간의 가치관의 차이에 따른 갈등이다. 청년 세대와 중장년층 간의 갈등은 주로 성 역할에 대한 가치관과 젠더에 대한 인식 차이에서 발생한다. 중장년층은 전통적인 가부장제와 남성 중심의 사회 구조에서 살아온 세대로, 남성과 여성의 역할을 비교적 고정된 개념으로 보는 경향이 강하다. 이들은 남성은 경제적 부양자, 여성은 가정 내 돌봄을 담당하는 역할을 자연스러운 사회적 질서로 받아들이는 경우가 많다. 반면 청년 세대는 성평등의 가치를 중시하며, 성별에 따른 역할 구분이 불필요하다는 인식을 가지고 있다. 특히 여성 청년층은 결혼과 출산에 대한 사회적 압박에서 벗어나 개인의 자유와 커리어를 중시하는 경향이 있다. 이러한 차이는 중장년층과 청년층 간에 젠더에 대한 갈등을 유발하며, 특히 가족 내에서 젠더에 따른 역할 분배 문제에서 충돌이 발생하기도 한다.

다섯째, 온라인 공간에서의 젠더 갈등 증폭이다. 온라인 플랫폼은 젠더 갈등을 증폭시키는 중요한 공간이 되고 있다. 특히 젊은 세대는 인터넷 커뮤니티와 소셜 미디어를 통해 성별 갈등에 대해 활발히 논의하며, 서로의 입장을 극단적으로 표현하는 경향이 있다. 이러한 온라인 공간에서는 남성과 여성이 각각 피해자 의식을 강화하며, 상대 성별에 대한 불신과 반감을 키워가는 양상을 보인다. 특히 혐오 발언과 같은 극단적 표현이 빈번하게 등장하면서, 갈등은 더욱 고조된다.

젠더 갈등 사례와 해결 방안

한국사회에서 대표적인 젠더 갈등 사례를 기술하면, 첫째, 남성만의 군복무에 따른 '남성 역차별론'이다. 한국을 비롯한 몇몇 국가에서 시행 중인 징병제는 남성 역차별론의 대표적인 사례로 자주 언급된다. 한국에서는 모든 남성이 일정 기간 의무적으로 군복무를 해야 하는 반면, 여성에게는 이러한 의무가 부과되지 않는다. 일부 남성들은 이를 성별에 따른 불공평한 제도로 인식하고, 군복무 기간 동안의 경력 단절과 사회적 비용을 감안할 때 자신들이 차별받고 있다고 주장한다. 군복무 기간 동안 남성들은 학업이나 경력을 이어가지 못하는 경우가 많아 경쟁에서 불리해진다고 주장한다. 또한 이러한 부담이 남성들에게만 가중됨으로써 남성과 여성 간의 권리와 의무가 불평등하게 배분된다고 느끼는 것이다. 이로 인해 남성 역차별론이 대두되며, 군복무 문제는 젠더 갈등을 촉발하는 중요한 이슈가 되었다.

둘째, 남성과 여성의 성별에 따른 임금 격차 문제이다. 성별 임금 격차(Gender Pay Gap)는 여성들이 주장하는 불평등의 대표적인 사례로 여러 국가에서 지속적으로 제기되고 있는 문제다. 성별 임금 격차는 같은 직종이나 유사한 경력을 가진 남성과 여성 사이에서 여성의 임금이 상대적으로 낮게 책정되는 현상을 의미한다. 이는 직무 내 차별적 대우, 승진 기회에서의 불평등, 여성들이 주로 종사하는 직종의 저평가 등 다양한 요인에서 비롯된다. 한국의 경우 OECD 국가 중에서도 성별 임금 격차가 가장 큰 편에 속하며, 이는 여성계에서 중요한 젠더 갈등의 문제로 다루어진다. 여성들은 동일한 업무를 수행함에도 불구하고 남성보다 낮은 임금을 받는 현실을 비한다. 이를 해결하기 위한 정책적 개입과 제도적 변화가 필요하다고 주장한다. 성별 임금 격차 문제는 고용시장 전반의 성별 불평등을 보여주는 대표적인 사례다.

셋째, 공직 및 사기업 고위직의 여성 비율 문제이다. 고위직에서의 여성 비율 문제는 젠더 갈등의 또 다른 대표적인 사례다. 많은 나라에서 민간 기업과 공공 부문에서 고위직에 여성이 차지하는 비율이 매우 낮다는 지적이 꾸준히 제기되고 있다. 한국의 경우에도 정부 및 공공기관, 대기업의 고위직에서 여성 비율은 여전히 남성에 비해 현저히 낮은 편이다. 이 문제는 유리천장(glass ceiling)으로 설명되며, 여성들이 일정 수준 이상으로 승진하거나 권력을 얻는 데에 있어 보이지 않는 장벽이 존재한다는 것을 의미한다. 고위직에서 여성의 비율이 낮은 원인으로는 성별에 따른 전통적인 역할 기대, 출산 및 육아로 인한 경력 단절, 여성의 리더십에 대한 사회적 편견 등이 주요한 이유로 꼽힌다. 이 문제는 여성들의 경제적 자립과 사회적 지위에 영향을 미치는 중요한 요인으로, 성평등을 추구하는 여성계에서는 여성 고위직 비율 확대를 위한 정책적 지원을 촉구하고 있다.

넷째, 사회 각 분야에서 일정 비율의 자리를 여성에게 할당하는 여성할당제 문제이다. 이는 젠더 갈등의 중요한 논쟁거리 중 하나다. 여성할당제는 여성들의 정치적, 경제적 참여를 확대하고 고위직에서의 성별 불균형을 해결하기 위한 방안으로 도입되었다. 그러나 이 제도에 대해 일부 남성들은 공정성 문제를 제기하며, 여성할당제가 남성들에게 불리한 역차별을 초래한다고 주장한다. 여성할당제에 대한 찬반 논쟁은 크게 두 가지로 나눌 수 있다. 찬성 측에서는 여성할당제가 여성들에게 구조적 불평등을 극복할 수 있는 기회를 제공하며, 오랜 기간 동안 성별에 따른 차별로 인해 저평가된 여성들의 사회적 지위 향상에 기여할 수 있다고 주장한다. 반면 반대 측에서는 여성할당제가 성별에 따른 할

당으로 능력보다 성별이 우선시되기 때문에 불공정하다고 주장하며, 역차별 논리를 펼치고 있다.

다섯째, 경력 단절과 육아휴직 문제이다. 경력 단절은 결혼과 출산, 육아로 인해 많은 여성들이 직장에서 퇴사하거나 경력이 단절되는 현상을 의미한다. 이는 여성들이 노동시장에서 지속적으로 불리한 위치에 놓이게 만들며, 젠더 갈등을 야기하는 주요 요인 중 하나다. 특히 한국사회에서는 육아와 가사노동이 여전히 여성의 역할로 인식되는 경향이 강해, 경력 단절 문제는 젠더 불평등을 심화시키고 있다. 이에 따라 육아휴직과 관련된 제도가 마련되었지만, 남성들의 육아휴직 사용률은 여전히 저조한 편이다. 이는 남성이 육아에 적극적으로 참여할 수 있도록 제도적 장치가 부족하거나, 육아를 여성의 책임으로 보는 사회적 인식이 여전히 강하게 작용하기 때문이다. 경력 단절 문제는 성별에 따른 사회적 기대와 역할 구분에서 기인한 갈등 요소로, 남성도 육아에 동등하게 참여할 수 있는 환경 조성이 중요한 해결 과제로 제시되고 있다.

여섯째, 성범죄와 직장 내 성희롱 문제이다. 성범죄와 직장 내 성희롱은 젠더 갈등을 심화시키는 또 다른 중요한 사례다. 여성들은 직장 내에서 성희롱, 성차별 등의 문제를 자주 겪으며, 이는 직업적 발전에 악영향을 미치고 있다. 특히 이러한 문제를 제기하는 과정에서 여성들이 2차 피해를 입거나, 문제 제기 자체가 좌절되는 경우가 많다. 이로 인해 여성들은 성범죄와 관련한 문제에 대해 더 민감하게 반응하며, 이는 젠더 갈등의 주요한 원인 중 하나로 작용하고 있다.

위에서 살펴본 바와 같이 우리사회에서는 다양한 젠더 갈등으로 사회적 갈등이 일어나고, 사회통합을 저해한다. 이런 젠더 갈등을 완화하기 위해서는 서로의 입장을 이해하고 소통할 수 있는 대화의 장이 필요하다. 이를 위해 정부, 교육 기관, 민간단체는 성평등교육과 성 역할에 대한 고정관념을 해체하는 프로그램을 운영할 수 있다. 특히 성별에 따른 차이를 이해하고, 차이를 존중하는 문화를 형성하는 것이 중요하다.

정부가 성평등 정책을 강화하는 것은 사회적 갈등을 완화하는데 중요한 역할을 할 수 있다. 그러나 단순히 여성에게만 혜택을 주는 방식이 아닌, 모든 성별이 평등한 기회를 가질 수 있도록 공정한 제도를 마련해야 한다. 이를 통해 남성과 여성 모두가 성평등에 대한 긍정적인 인식을 가질 수 있도록 유도할 필요가 있다.

미디어는 젠더 갈등을 증폭시키기도 하지만, 동시에 갈등을 완화하는 데 중요한 역할을 할 수 있다. 미디어는 성별 고정관념을 해체하고, 성평등을 촉진하는 다양한 콘텐츠를 제공해야 한다. 또한 학교교육에서도 젠더에 대한 편견과 고정관념을 극복할 수 있는 성평등교육이 강화되어야 한다.

13
타자와 윤리적 태도

타자를 위한 질문

나는 나를 믿을 수 있는가? 그대는 나를 믿을 수 있는가? 나는 그대를 믿을 수 있는가? 이 일련의 질문은 자기를 신뢰하거나, 내가 타인을 혹은 타인이 나를 신뢰하는지를 묻는 것으로 이해한다면 오산이다. 오히려 질문하는 내가 타인에게 인정받고자 하는 욕망을 드러내는 맥락으로 이해해야 한다. 인정의 출발점은 인간의 본능이기도 하고 생존의 출발점이 되기도 한다.

우리 인간의 모든 행위는 타인과 관계성 속에 놓여있다. 3인칭의 그대는 그, 그녀, 그것으로 지칭될 수 있지만, 주체인 나의 행위를 규정한다. 어떻게 보면 이 세상에서 타인을 전제로 하지 않은 행위는 없다. 타인은 항상 우리의 사고와 행동에 직간접적으로 영향을 미친다. 이렇게 타자를 보편적으로 인식할 수밖에 없는 상황을 미드(G. H. Mead)는 '일반화된 타자'라고 했다.

개인이 일반화된 타자와 긍정적인 상호주관적 관계를 맺으면 그게 바로 인정이다. 개인 간의 상호관계는 항상 주체-타자 간의 비대칭 관계를 구성한다. 그래서 이들의 관계는 인정의 관계일 수밖에 없다. 그러나 개인은 항상 타자로부터 긍정적인 상호주관적 관계를 맺지 못한다. 극단적으로는 인정의 대척점에 있는 모욕이나 굴종과 같은 '무시'를 만날 수 있다. 인정은 긍정적인 자아정체성을 형성시키지만, 무시는 주체에 대해 엄청난 심리적 훼

손을 가져오게 한다. 인정은 개인의 삶을 윤택하게 만들지만, 무시는 개인을 사회적 사망에 이르게 할 수도 있다. 인정과 무시는 이를 감지하는 주체가 그대라는 타자로부터 전해오는 관계적 역동성에 대한 정서적 반응이다.

인정의 관계는 사랑과 우정과 같은 원초적인 인정 형식부터 각 주체의 권리를 인정하는 권리 관계 형태의 인정 형식이 있다. 아울러 가치공동체를 지향하는 연대와 같은 인정 형식이 있다. 그래서 호네트(A. Honneth)는 "세 가지 인정 형태를 거치면서 개인의 긍정적 자기 관계의 정도가 단계적으로 높아"지기에, 인정 형태가 고양될수록 인간은 단순한 자기 보호로부터 적극적인 자기 발현으로 고양될 수 있다고 한다.

나는 나를 믿을 수 있는가? 그대는 나를 믿을 수 있는가? 나는 그대를 믿을 수 있는가? 이 질문들은 결국 자신의 삶의 의미를 타자를 통해 질문하는 것으로 볼 수 있다. 그러면서 질문하는 우리는 자기의식을 갖게 된다. 인간은 자신이 누구이고 또한 어떤 삶을 살아야 한다는 나름대로의 믿음을 이렇게 인정의 질문으로 환원한다. 개인의 삶을 보호하기 위해서는 인간 상호 간의 윤리적 의무가 필요하며, 그 의무는 각 개인이 자신의 삶에 대해 긍정적 태도를 가질 수 있게 하는 상호인정이다.

인정의 마지막 단계인 연대가 발생하는 사회적 범위는 권리 부여가 발생하는 사회적 범위와 다르지 않다. 그러나 그 둘이 발생할 수 있는 토양은 확실하게 구분된다. 권리 부여는 인간이라면 누구든 무차별적으로 권리의 주체로서 존중하는 것, 다시 말해 인간이라는 추상적인 형식 자체를 존중하는 것을 의미한다. 그러나 연대의 토양은 개성화된 그리고 자율적인 주체들 사이의 대등한 가치부여에 있다. 말하자면 타인의 능력과 속성이 그대뿐만 아니라 나 자신에게도 중요하고 가치 있는 것이라는 인식을 상호적으로 가지는 것이다. 이러한 사회적 토양에서라야 연대가 가능하다는 것이다. 이렇게 보면 연대 단계의 인정은 상대적으로 개별적이고 개성적인 특성을 가진다. 이 점에서 혼종적인 가치가 공존하는 다문화사회에서 연대는 더욱 필요한 윤리라고 볼 수 있다.

인륜성과 연대

호네트는 인정이 충분히 달성된 상태를 인륜성이라고 했다. 그는 '실재하는 고통으로부터 해방'되는 것을 인륜성의 특징으로 규정했다. 그러면서 인륜성이 곧 '모든 사회 구성원들에게 동등한 자유 실현의 조건들을 보장'해 줄 것이라 보았다. 아울러 인륜성의 영역으로 진입하기 위한 핵심적인 요건은 '해방'이며, 해방은 '고통'으로부터 벗어나는 것이다. 이 고통의 원인은 '비규정성', 즉 '채워져 있지 않음'에 있다. 비규정성이란 '인정 유보'의 상태를 의미하는데 개인, 시민사회, 국가의 단계에서 각각 필요한 인정의 형태가 갖추어지지 못한 상태를 말한다. 그렇다면 어떻게 인정 유보 상태를 극복할 수 있는가?

이에 대한 호네트의 답은 사랑, 권리, 연대이다. 그 중 연대는 상호주관적으로 공유된 가치를 바탕으로, 어떤 주체나 집단의 특수성에 대해 인지적 정서적으로 부여하는 가치평가라고 볼 수 있다. 즉 연대는 동등한 가치를 갖는 주체들이 자신의 정체성을 형성하는 것이며, 공동체의 정체성을 재생산하는 데 기여하는 것이다.

앞서 필자가 제기한 질문은 믿음이란 인식행위를 묻는 것이 아니라 인정행위를 묻고자 한 것이다. 나아가 연대의 윤리에 대해 자기점검의 기회로 삼고자 한 것이다. 이제 질문을 바꾸어 보자. 그대는 그대를 믿을 수 있는가? 나는 그대를 믿을 수 있는가? 그대는 나를 믿을 수 있는가?

일련의 질문들은 단지 나와 그대의 위치를 바꾼 것만은 아니다. 그대를 통해 나를 인식하고, 그대가 있기에 내가 존재하며, 그대와 내가 상호인정의 관계에 놓여있음을 긍정하는 것이다. 따라서 연대한다는 것은 사회 구성원으로 지켜야 할 타자에 대한 윤리이다.

나와 그, 나와 너, 나와 타자 사이에서 호명은 양자 간 관계 맺기의 시작이다. 또한 호명은 둘의 대화가 시작되는 출발점이기도 하다. 내가 너와, 네가 나와 대화를 한다는 것은 상호 호명의 관계가 구성되어 있음을 의미하기도 한다. 그렇지만 우리는 상호 호명을 하기 이전에 나와 너가 주체로서 자신의 이름을 이미 갖고 있었음을 잊지 말아야 한다. 부버(M. Buber)는 1923년 『나와 너(Ich und Du)』라는 저서를 통해 인간은 나로서만 존재하지 못한다고 강조하면서 '대화의 철학'이라는 종교적 실존주의 철학을 소개하였다. 그는 인간을 일종의 '사이(between)' 속에서 살아가는, 즉 관계의 존재라고 규정하였다. '나'라는 개체는 독자적으로 존재할 수 없고 항상 타자와 함께하기 마련이다. 그러면서 인간이 세계를 대하는 태도에는 두 가지 방식이 있는데, '나-너(I-Thou)' 관계와 '나-그것(I-It)' 관계라고 한다. 이때 '너' 혹은 '그것'은 인간일 수도 있고 사물일 수도 있다. 행위자인 '나'는 타자가 '너'인지 혹은 '그것'인지에 따라 변한다. '나-너' 관계에서는 자신의 전 인격을 기울여 상대방과 마주 대한다. 두 존재는 순수하고 진실하게 만나는 상호적인 대화적 만남으로서 가장 깊고 의미 있는 관계다. 대화적 만남은 관념에 의해 조작되지 않으며 또한 상대방이 객체화되지도 않는다. 그냥 너와 내가 호명되지 않아도 주체로서 존재한다. 인간은 '너'와 대면하는 것에서만 참된 '나'가 된다. 반면에 '나-그것' 관계에서는 상대방이 관념적 표상으로 대상화되어 존재한다. 그 대상이 자신의 관심사에 어떻게 도움이 될 것인지의 측면에서 관계를 맺는다. 이는 자기중심적인 만남이며 일방적인 독백의 만남이다.

나-너 관계

지속가능한 이주사회를 위한 너와 나, 나와 너의 대화를 위한 상호문화실천은 어떠한가? 상호문화실천은 나-너 관계를 회복하기 위한 방편이다. 우리 한번 대화의 한 종류인 면담이란 개념을 생각해 보자. 면담은 질적연구자에게 현장에서 자료수집방법으로 활용되는 연구기법이다. 면담은 말 그대로 대면하여 대화하는 것을 의미한다. 면담의 영어는 'Interview'이다. 단어 Interview는 Inter(~사이에서) + view(보다)로 이루어져 있다. 직역해 보면 '너와 나 사이에서 보다'라는 뜻이다. 도대체 너와 나 사이에서 무엇을 본다는 말일까?

우선 두 사람이 대화하는 과정을 떠올려 보자. 면담하려면 면담자와 피면담자가 서로 마주 보고 있을 것이다. 그냥 단순히 마주 보는 상황을 'Inter'된 상황이라 말할 수 있을까? 절대 그렇지 않을 것이다. 단순히 마주 보는 것을 넘어서서, 두 사람이 서로를 진심으로 이야기를 주고받을 준비가 되어있어야만 진정으로 Inter되었다고 할 수 있다. 누구 하나가 경계심이나 적개심을 갖고 있다면, 절대로 두 사람 사이에는 함께할 수 있는 공간 'Inter'가 생기지 않는다. 그렇게 두 사람이 서로를 있는 그대로 온전히 받아들일 준비가 되어, 너와 나 사이에 Inter 공간이 생겼고, 두 사람이 본격적으로 대화를 시작할 수 있다.

대화는 너와 나 사이 Inter 공간에 서로의 단어를 채우는 것이다. 마치 실뜨기를 하는 것처럼 '네'가 만들어 놓은 모양을 이어받아 '내'가 모양을 만들고, '내'가 만든 모양을 이어받아 '네'가 또 모양을 만드는 과정을 반복하면서 그렇게 하나둘씩 너의 단어와 나의 단어가 Inter 공간에 채워진다. Inter 공간은 서로의 단어들로 채워지고 연결되어 만들어진 넓디넓은 조각보라 할 것이다. 그렇기에 진정한 대화를 이어 나가기 위해서는 서로의 단어를 맞춰가는 과정이 필요하다. 그럼으로써 너와 나의 대화가 우리의 대화가 되고 '우리'의 모습이 보이기 시작한다. 그렇게 서로가 서로를 이해하기 시작한다. 이것이 진정한 대화의 본질이자 얼굴을 맞대고 대화하는 면담의 본질 아닐까? 상호문화실천은 너와 내가 대화를 하는 상호면담의 행위이다.

타자의 존재와 윤리

타자의 존재는 어떻게 내 앞에 개시되는가? 이런 하이데거의 타자에 대한 질문은 의외로 단순하게 "우선 배려하는 고려에서 개시되어 있다."고 답변한다. 고려는 실존개념으로서 공동존재로서의 현존재적 존재 틀이다. 현존재적 존재와의 관계 맺음의 존재양식을 고려라 한다. 타자들을 만날 때 고려의 형태로 나타나는 데, 이를테면, 돌보고 보살핌으로 나타나기도 하고, 고려의 결손적 형태, 무차별적 형태로 나타날 수 있다. 공동현존재로서의 타자는 배려의 대상이 아니라 고려의 대상이다. 여기서 고려는 실존범주이며 존재성격이다. 고려는 서로 협력하고, 반목하고, 무시하고, 그냥 지나치고, 서로 모른채 하는 것 등이 이에 해당한다. 고려라는 타자와의 관계 맺음의 양식은 두 가지의 모습으로 나타난다.

본래적으로는 타자존재를 돌봐 주고, 보살펴 주는 것이다. 비본래적으로는 타자의 존재를 지배하고, 그 존재를 상실하도록 침해한다. 고려하는 현존재는 공동존재 때문에 존재한다. 나는 고려를 통해 타자존재를 일깨우기도 하고, 타자존재를 상실하게도 하며, 역으로 타자도 나의 존재를 일깨우기도 하고, 상실하게도 한다. 나는 타자를 사물이나 도구처럼 대할 수 있고, 상대방도 마찬가지이다. 이 경우 고려는 결손된 변양태로 작용한다. 이런 점에서 나와 타자는 공동존재로서, 각자의 존재에 상호적인 책임을 져야 하는 존재자들이다. 서로 실존적으로 존재할 수 있도록 마음을 써 주고, 돌봐 주고, 보살펴 주는 본래적인 고려를 통해 관계를 맺어야만 하는 것이 공통적인 과제에 속한다. 이로써 하이데거의 윤리는 배려를 토대로 하며, 배려는 타자존재 회복의 길로 간주된다.

배려를 포함하여 타자 철학에서 거론되는 타자에 대한 윤리적 태도는 관용, 책임, 환대 그리고 인정 등이다. 이들 개념은 보편적 윤리관을 비판하며 타자를 보호하려는 공통된 태도이기도 하다. 타자에 윤리적 태도로서 '관용'은 16세기 프랑스의 종교 갈등 시기에 종교적 차이로 인한 갈등을 막기 위해서이다. 당시는 차이에 대한 관용 개념으로 이해된다. 관용에는 몇 가지 조건이 있다. 첫째, 관용은 타인을 대상으로 하는 권리와 자유를 확장하는 것과 깊이 연결되어야 한다. 관용은 강자의 윤리에 기반을 둔 시혜가 아니라 상호 평등한 관계에서 타자의 자유와 권리를 확대하는 데 목적을 둔다. 이러한 이유로 관용의 대상에 부도덕한 행위는 포함되지 않는다. 둘째, 관용의 대상은 반대하거나 싫은 것이어야 한다. 관용의 문제는 갈등 관계에 있는 대상에 대해서만 발생한다. 셋째, 관용은 힘의 행사를 자발적으로 중지할 수 있는 능력을 말하는 것으로 강제적인 시인이나 묵인과는 다르다(김용환·조영제, 2000).

관용은 동기가 어찌 되었든 나와 다르고 이질적인 낯선 타인들이 그들의 생활방식과 정체성에 따라 살아가도록 하는 것이다(Walzer, 1997). 그러나 관용은 경쟁의 규칙을 어기거나 공동의 질서를 파괴하는 것에는 적용되지 않는다. 또한, 차이에 대해 관용이 적용될 뿐 차이를 지지하는 것은 아니다. 이러한 이유로 관용은 17세기 이후 서양의 자유 민주주의사회를 가능하게 만들었으며, 현대 다원주의사회의 기초 개념으로 알려져 있다(김용환

외, 2000: 52). 특히 관용은 다원주의사회에서 서로 다른 타자가 다름에 초점을 맞추기보다는 공존을 위하여 어떻게 함께할 것인가에 초점을 맞추는 것이다.

타자에 대한 책임

레비나스는 기존 서양철학에서 자아 중심적인 자발성에 대한 의문을 제기하며 타자에 대한 윤리적 태도로서 '책임'을 주장하였다. 타자에 대한 책임은 타자, 타자의 얼굴, 타자와의 근접 관계에서 도출된다고 볼 수 있다. 타자에 대한 책임이란 나와 상관없는 자, 또는 나를 보지 않는 자인 타자에 대한 책임을 말한다. 그 책임은 내가 하는 일이나 나의 행위를 넘어선다. 레비나스는 구체적으로 타자를 약하고 가난한 과부와 고아라고 말하는데, 이러한 타자에 대하여 나는 빚을 지고 있다. 이러한 타자에 대한 책임의 무게에 나는 고통받을뿐만 아니라 나는 타자에게 무한책임을 진다. 이와 같은 타자에 대한 책임을 레비나스는 시간의 통시성으로 설명하였다. 시간은 비가역적이고 회복할 수 없는 통시성을 가지는데, 나와 무관해 보이는 타자의 불행은 과거의 통시성에 묶여 있고, 나는 과거의 통시성에서 자유롭지 않기 때문이다.

내가 지니는 타자에 대한 책임은 무한한 책임인데 타자의 얼굴은 다른 타자의 존재를 계시한다. 즉 나는 타자와 조우함에 따라 책임져야 하는 또 다른 타자가 무한히 존재함을 발견하게 된다. 이에 따라 타자의 얼굴은 나에게 보편적인 인간성을 열어 준다. 즉 타자의 얼굴에 응답하는 나는 보편적 결속과 평등의 차원으로 들어간다. 이는 타자의 얼굴을 마주함으로써 나는 시간, 지역, 세대의 제약을 뛰어넘어 모든 사람을 만나기 때문이다. 레비나스의 타자는 주체의 존재가 성립하기 전에 먼저 있었고, 주체는 바로 이런 타자를 통해 탄생할 수 있었다. 즉 타자에 대한 책임은 주체가 탄생하기 이전에 이미 자리하고 있었다는 논리이다. 이러한 타자에 대한 책임에서 자아의 주체성이 탄생한다. 자신 안에서 나와 타자의 상호적 관계가 형성되고 이를 통해 나는 비로소 나에 대한 인식이 가능해진다.

이에 레비나스는 고통받는 타인에 대한 책임감을 갖는 것을 형이상학적 의미에서 절대자로 향하는 자기 초월로 이해하였다. 이를 레비나스는 나 주체가 지닌 절대자로의 초월 욕망과 타인에 대한 책임을 연결지었다. 레비나스에 따르면, 인간은 향유적 존재이기 때문에 자기중심적 내면성을 형성하며, 타인과 분리되어 자기 자신에만 전념한다. 또한, 이를 넘어 자신과 동일시할 수 없는 자기 외부의 절대적 타자를 갈망한다. 여기에서 타자는 자아에 의해 지배되거나 자아에 통합될 수 없기에, 이러한 욕망은 결코 완전히 충족될 수 없다. 따라서 절대적 타자에 대한 욕망은 끝

없이 열려 있으며, 타인의 목소리에 귀를 기울이고 그 요청을 수용할수록 자기 초월은 더욱 깊어지고 타인에 대한 책임감도 한층 강화된다. 따라서 타자에 대한 책임은 서로를 단순히 인식하거나 소유의 대상으로 바라보지 않고, 각자의 고유성이 실현될 수 있도록 돕는 상호적인 인간관계를 의미한다고 할 수 있다. 즉 레비나스는 생의 경험을 통해 깨달은 타자에 대한 윤리적 책임에서 사람답게 사는 삶을 발견하고 타자 중심의 책임 윤리학을 주장한 것이다. 이러한 이유로 이성희(2021)는 다문화공동체로의 변화가 불가피한 현대사회에서 타문화에 대한 배척이 아닌 다름의 인정과 존중을 위해서는 타자 윤리의 책임이 전제되어야 함을 피력하였다. 또한, 손재현(2021)은 이주민의 증가에 따라 소외당하는 이주민에 대한 불안이 증가하고 있으므로, 이의 해결을 위해서는 정책적 협약만이 아닌 윤리적, 철학적 접근의 필요성을 제기하였다. 즉 레비나스의 타자에 대한 책임 윤리학을 통하여 소외당하는 이들의 권리가 존중받을 수 있기를 기대하였다.

타자를 환대하기

환대란 자신의 공간(집, 시민사회, 국가 등)에 찾아온 손님에게 문을 열어젖히고 받아들여 호의를 베푸는 의식과 행동이다. 타자성에 관한 논의에서 환대와 책임을 살펴보면, 책임은 타자를 자기동일성의 영역으로 환원시키지 않고, 타자와의 차이, 절대적 차이, 타율성을 보존하는 방식이다. 반면 환대는 주체와 완전히 분리되는 형태의 타자를 거부하고 자아와 타자가 관계를 형성하며, 마치 씨실과 날실에 의해 짜이는 직물처럼 서로를 대리 보충하는 연결고리 형태를 지니는 것으로 볼 수 있다. 즉 환대는 자아와 타자가 서로 오염되고 오염시킬 수 있는 관계로 설명된다.

이처럼 손님 또는 이방인을 맞이하는 동시에 자기의 경계를 허무는 열린 자세는 관용이 갖는 폐쇄성을 극복할 수 있는 열린 발상이 된다. 이때 손님 또는 이방인은 외국인이나 소수자, 난민, 망명자 등으로 확장할 수 있다. 이방인의 개념을 단순히 혈연에 결부된 출생의 권리로서 갖게 되는 국적 또는 시민권이 없는 자에게 한정할 것이 아니라 모든 인간으로 확장할 것을 제안하였다. 이러한 의미에서 보면, 우리는 모두 이방인이기 때문에 이방인에 대한 문제는 인간 모두에 대한 문제로 확장될 수 있다고 하였다.

리쾨르(Ricoeur, 1981)에게 있어 타자에 대한 윤리는 주체-타자의 문제로 소급된다. 이 문제는 관념론적 사유를 뛰어넘어, 실재하는 삶의 문제이고, 경험하는 육체를 동반하는 주체에 대한 질문이기도 하다. 따라서 주체에 대한 탐구는 특정 학문에 한정되지 않는다고 보았다. 그는 주체 문제를 해결하기 위해 이성을 지닌 인간으로서 반성철학, 현재의 시점에 사는 존재로서 실존철학, 그리고 몸을 지니고 삶을 경험하는 존재로서 현상학에 의존한다. 뿐만 아니라, 육체를 지닌 존재로서 생물학, 의식뿐 아니라 비의식 세계를 포함한 주체로서 정신분석학, 말하며 표현하는 존재로서 언어학과 기호학, 세상 속에서 타인과 어우러져 사는 존재로서 윤리학을 아우른다. 이러한 맥락에서 리쾨르의 주체-타자에 대한 연구는 학문적 경계를 초월한다고 할 수 있다.

리쾨르에게 반성과 사고의 영역은 중요한 위치를 차지하지만, '의지'의 영역이 그것에 우선한다. 끊임없이 욕구하는 의지적 인간은 자신이 무엇을 할 수 있고 무엇이 제한되어 있는지를 반성한다. 더 나아가 의식에서 무의식의 세계로, 주체성은 타자성을 만나며 제도의 문제로 연결된다. 좁은 의미에서 주체는 '자기'로 한정되지만, 궁극적으로는 '자기'가 '타자'로 확장된다. '나'의 세계는 '너'의 세계와 만나며, 이 '너'는 나와 다르지만 나와 닮아 있다. 타자 속에서 자신과 닮은 또 다른 나를 발견한다. 이러한 2인칭의 타자는 3인칭으로 확장되며, 리쾨르는 이를 '제도'로 명명한다. 이처럼 리쾨르에게 주체의 문제는 타자성과 사회의 제도를 포괄하면서 윤리적 문제로 확장되고 귀결된다.

리쾨르의 철학적 인간학에 나타나는 특징은 무엇보다 삶에 대한 긍정에서 출발한다. 그는 인간이 자신의 의지와 상관없이 주어진 상황을 인정하고 받아들이는 작업이 선행되어야 한다고 본다. 이러한 인정의 과정에서 자기 자신에 대한 신뢰가 형성되며, 주체는 미래의 삶을 열어간다. 주체는 독립적이고 유일한 창조물이지만, 타자들 속에서 존재하는 하나의 자기(soi)이며, 다양한 창조물 중 하나로서의 자기(soi)가 된다. 이러한 맥락에서 리쾨르는 자기존중, 타인을 위한 배려, 타인들과 함께 살아가기 위한 정의로운 제도에 대한 기대, 그 기대에 대한 책임이라는 네 가지 핵심 주제를 윤리 사상의 중심으로 제시하며, 이를 모든 사람에게 적용 가능한 '공통의 윤리'로 보았다.

데리다(Derrida, 2005)의 경우 손님을 구분하여 환대한다. 그는 타자가 자신이 누구임을 밝힐 뿐만 아니라 나의 말을 알아듣고, 환대받을 자격이 있음을 증명할 때 환대는 이루어진. 이처럼 환대는 권리와 의무 관계가 상호적 조건에서 이루어지기 때문에 조건적 환대로 규정한다. 조건적 환대에 대한 대립으로 무조건의 환대가 있다. 무조건적 환대는 내 집을 개방하고 성(family name)이 다르거나 외국인 등의 사회적 지위를 가진 이들뿐만 아니라 이름도 없는 미지의 절대적 타자에게 머무를 곳을 내어주고 머무는 장소를 소유하도록 내어 두는 것이다. 또한, 계약체결을 통해 기대되는 상호성을 요구하거나 그들의 이름을 묻지도 않고 그들을 받아들이는 것이라고 하였다. 초대받지 않았거나 절대적으로 낯선 이방인의 예측하지 못한 방문에 대하여 어떠한 물음이나 조건도 없이 문을 열고 집을 개방한다는 의미에서 이는 '방문의 환대'가 된다. 다양성이 존중받아야 하는 다문화사회에서 이방인의 다름을 존중하며 환영하는 무조건적 환대는 이방인에 대한 타자성이고, 의무이다(최샘 외, 2020). 즉 무조건적 환대는 상대방에 대하여 누구인지를 묻지 않는다. 데리다는 두 가지 환대의 대립을 전하며 상호 침투를 원하였다. 따라서 그가 주장하는 타자에 대한 환대는 나와 타자 간의 역동적 관계 속에서 생성된다. 즉 조건적 환대가 환대로서의 정당성을 갖기 위해서는 무조건적 환대에 의해 인도되고 고취될 때라고 하였다.

데리다의 환대에는 환대받지 못한 사람들 또는 동일화 폭력에 시달리는 타자의 저항을 포착하는 개념 틀은 존재하지 않는다. 데리다의 환대는 발쩌의 관용처럼 동일한 문제를 갖고 있는데, 더 이상 돌아가지 않고 나의 거주지에 살아가는 타자는 손님이 아니다. 이에 따라 타자와 자아의 공동생활을 위해서는 환대와는 별개의 윤리적 원칙이 필요하다. 즉 환대는 타자와 내가 공존하게는 하지만 공존 속에서 필연적으로 발생할 수밖에 없는 갈등을 해결할 수는 없다. 따라서 환대는 관용과 마찬가지로 공존을 위한 전제 조건일 뿐, 공동생활을 규율하는 윤리적 규범으로 자리 잡을 수는 없다

타자에 대한 인정

호네트는 인정을 인간이 자기 삶을 성공적으로 실현할 수 있는 사회적 조건이라고 하였다(Honneth, 2011). 즉, 인정은 개인이 긍정적인 자아의식을 형성하도록 돕는 심리적 조건으로, 이는 개인이 자기 자신에 대해 긍정적인 태도를 갖는 것을 의미한다. 호네트가 주장하는 상호인정은 다음과 같은 세 가지 형태의 개념으로 이해된다. 첫째, '사랑'의 형태 속에 상호인정 관계가 있다. 이 관계에 해당하는 사람들의 정서적 욕구는 사랑을 통해 인정되며, 사랑을 통해 충족된다. 둘째, 이 관계에 해당하는 사람들 간의 동등한 '권리'의 인정을 통해 상호인정은 형성된다. 이를 통하여 각 개인은 도덕적이고 자주적 판단 능력이 있는 존재로 인정된다. 셋째, 상호인정 관계는 사회적 '연대'에 있다. 각 개인의 인정은 자기 자신만의 특수한 속성을 지닌 존재일 때이다. 이러한 세 가지 인정을 통해서 비로소 개인은 한 공동체의 완전한 구성원이 된다. 호네트는 미드(Mead, 1938)의 사회심리학에서 개인의 '정체성' 형성과정에 주목하였다. 그의 정체성 형성과정에서 '주격 나(I)'는 타인이 자신에게 품는 기대나 이미지를 인식하며 '목적격 나(Me)'에 대한 심상을 형성한다. 타인의 관점이 내면화되면서 자기와의 관계가 가능해진다. 그러나 이 관계는 자발성에서의 '주격 나'와 사회적으로 규정된 '목적격 나'의 긴장 관계를 전제한다. 호네트(Honneth, 2011)는 인정투쟁을 이러한 긴장 관계 속에 엮어 놓는다. 즉 사회적으로 규정된 '목적격 나'는 '주격 나'와는 다른 어떤 부분을 인정받으려는 투쟁에 서 있다는 것이다. 또한, 이때의 인정을 위한 투쟁은 전 사회 영역으로 확산하며, 그 형태 또한 조직화하고 집단화된다(Honneth, 2011: 15).

호네트는 윤리를 개인의 삶을 보호하는 일종의 '보호 장치'로 보았다. 나아가 호네트는 개인의 자아실현이 긍정적인 자기 자신에 대한 태도를 통해 가능하다고 하였다. 이러한 긍정적인 자기 관계는 타인의 긍정적인 반응과 평가에 크게 의존한다. 개인은 타인과의 관계에서 항상 긍정적인 평가나 반응을 기대한다. 이것이 좌절될 경우, 심리적 상처를 입게 되어 자신에 대한 긍정적인 관계를 형성하는 데 어려움을 겪게 된다. 이에 따라 결국 적극적인 자아실현이 불가능하게 된다. 인간의 삶은 타인과의 관계에서 언제나 훼손될 수 있으므로 개인의 삶을 보호하기 위해서는 보호 장치가 필요하다. 호네트에서 인정이란 타인에 대한 긍정적 평가나 반응을 총칭하는데, 이는 해당 개인이 긍정적인 자아의식을 형성하도록 도울 뿐만 아니라, 적극적인 자아실현을 이루는 데에도 기여한다. 따라서 인정은 개인의 적극적 자아실현의 가능 조건이자, 개인의 삶을 보호하기 때문에 윤리적 정당성을 갖는다. 이를 타자에 적용해 보면, 타자에 대한 윤리적 태도는 그의 정체성을 평가하는 것이며, 그것은 그를 인정하는 것이다. 반면 인정은 타자에 대한 자아의 일방적 행위만을 의미하지 않는다. 자아 또한 적극적 자아실현을 위해서는 타자의 인정을 해야 하고, 자아는 타자에게도 역시 타자가 되기 때문에, 인정 윤리는 단순히 타자를 인정하는 것이 아니라 자아와 타자 간의 상호적 인정으로 이루어진다.

14
사회통합과 미래 과제

보수와 진보의 이념 갈등

정치적 이념은 특정 사회의 구조와 방향을 결정짓는다. 특히 보수와 진보는 지향하는 이념에 따라 각각 다른 가치를 실현하기 위해 경쟁한다. 따라서 자신의 이념에 따라 현실 정치를 통해 통치권을 얻기 위해 노력한다. 이러한 이유로 민주사회에서는 이념적 갈등이 형성될 수 밖에 없다. 보수는 개인의 자유와 자율을 중시하며 작은 정부와 시장 자율성을 강조한다.

보수는 개인의 자유와 자율을 중시하며, 이를 민주주의의 발전과 경제 성장의 핵심으로 본다. 보수의 입장에서는 개인의 선택과 권리를 최대한 보장하는 것이 사회 발전의 필수 조건이라고 본다. 보수는 사회 구성원이 자율적으로 행동할 수 있는 환경을 조성하여 개인의 창의성과 능력을 최대한 발휘하게 만든다. 경제적인 측면에서 자유 시장경제를 지지하며, 경제를 시장의 자율성에 맡겨야 한다고 주장한다. 시장은 자원을 효율적으로 배분할 수 있는 능력을 스스로 지니고 있다고 간주된다. 그래서 정부의 개입은 자율성을 침해하여 경제 성장을 저해한다고 여긴다. 따라서 작은 정부와 낮은 세율을 선호하며, 정부의 역할을 최소화하는 것을 지향한다.

또한 보수는 성과주의를 지지하며, 개인이 자신의 노력에 따라 성과를 얻는 것이 당연하다고 생각한다. 그러므로 복지정책에서도 보편적 복지보다는 선별적 복지를 선호한다. 다시 말해 필요한 사람에게만 복지 혜택을 제공하여 효율적인 복지 시스템을 구축하는 것이 목표이다.

조세정책에서도 보수는 넓은 세원에 낮은 세율을 선호하며, 모든 사람에게 세금 부담을 나누어주되, 세율을 낮춰 경제적 활력을 유지하는 것을 지침으로 삼는다.

진보는 평등을 가장 중요한 정치적 지향성으로 삼으며, 집단의 논리를 중시한다. 진보 입장에서는 경제 성장이 중요한 목표이다. 그러나 성장이 모든 사회 구성원에게 균형있게 혜택을 주지 않는다면 그 가치는 제한적이라고 본다. 따라서 합리적인 경제적 분배에 가치를 부여하며, 사회적 약자와 소외된 집단을 보호하는 데 중점을 둔다.

진보는 경제의 경우 시장의 자율에 맡기는 것보다 정부가 적극 개입해서 해당 문제를 해결해야 한다고 주장한다. 정부는 사회적 불평등을 해소하고 자원 배분을 공정하게 조정하는 역할을 해야 하므로 큰 정부를 선호한다. 진보 정책에서는 정부가 교육, 의료, 복지 등 공공서비스를 직접 제공하거나 관리함으로써 사회적 평등을 추구한다. 진보는 보편적 복지를 추구하며, 사회 구성원 모두가 기본적인 복지 혜택을 누려야 한다고 본다. 이는 누구에게나 공평하게 복지 혜택을 제공함으로써 사회안전망을 강화하는 것을 목표로 한다. 또한, 세제 정책의 경우 진보는 재분배 정책을 통해 부자나 대기업에게 더 많은 세금을 부과하고, 이를 통해 사회적 약자를 지원해야 한다고 주장한다.

보수와 진보는 각각 개인의 자유와 자율성, 그리고 평등과 분배를 중심으로 서로 통치 원리와 사회 운영 원리를 가지고 있다. 보수는 작은 정부와 시장의 자율성을 강조하며, 성과에 따른 보상을 지지하는 반면, 진보는 정부의 적극적인 개입을 통해 평등을 실현하고, 모든 구성원에게 공평한 복지 혜택을 제공하는 것을 목표로 한다. 이러한 이념 차이는 사회정책, 경제 운영, 조세정책, 복지 시스템 등에 걸쳐 서로 다른 접근 방식을 형성하게 하며, 이는 자연스럽게 사회 갈등의 주요 원인이 된다.

이념 갈등의 문제와 대책

한국사회에서 이념 갈등이 심화된 이유 중 하나는 이분법적인 대립 구도가 정치와 사회 전반에 걸쳐 심화되어 있기 때문이다. 보수와 진보 간의 이념 차이는 자연스러운 것이지만, 현실 정치의 장에서는 극단적인 편 가르기식 정치문화로 고착화되고 있다. 이러한 이분법적 대립 구도는 이념 갈등을 고양시키고, 사회 통합을 저해할 수 있다. 이념 갈등은 국민을 서로 다른 진영으로 나누어 사회적 분열을 심화시킨다. 정치권에서는 이념 갈등을 선동하며 지지층을 결집하려는 전략을 자주 사용하며, 이는 갈등을 더욱 심화시킨다. 정치적 대립은 경제정책, 복지, 교육 등 사회 전반에 걸친 정책 추진을 방해하며, 사회 발전을 가로막는 주요 요인으로 작용한다. 또한, 이러한 갈등은 국민의 정치에 관한 냉소주의를 강화하며, 대의민주주의에 대한 불신을 높여준다. 국민이 정치적 논쟁에 피로감을 느끼고, 정책의 실질적인 효과보다는 진영 논리에 치우친 정치 행태에 염증을 느끼게 되는 것이다.

이념 갈등의 또 다른 폐해는 편 가르기식 정치문화의 확산이다. 정치적 대립은 종종 진영 간의 편 가르기식 접근법으로 나타난다. 각 진영은 상대 진영을 적대시하며, 정책의 내용보다는 정치적 이득을 우선시한다. 이러한 문화는 국민들이 특정 이념에 대한 맹목적인 지지를 유도하거나, 상대 진영에 대한 무조건적인 반감을 형성하게 하여 대립구도를 만든다. 이런 맥락이 형성되면 사회적 논의는 깊이 있는 정책 토론보다는 감정적 대립으로 치닫게 된다.

이렇게 보수와 진보의 이념 갈등을 해소하기 위해서는 단순히 이념 대립을 피하는 것이 아니라, 다양한 가치를 인정하고, 사회적 소통을 촉진하며, 비합리적 제도를 개혁함으로써 갈등을 완화할 수 있는 방안을 모색해야 한다. 이념 갈등을 해결하기 위한 첫 번째 단계는 서로 다른 가치와 의견을 인정하는 사회적 풍토를 조성하는 것이다. 사회는 다양한 가치관과 의견이 존재할 수밖에 없으며, 이를 인정하고 포용하는 문화가 필요하다. 서로의 차이를 존중하고, 그 차이 속에서 합의를 도출하려는 노력이 중요하다. 뿐만 아니라 사회 구성원들 간에 대화와 토론, 협상을 통해 소통 문화를 정착시켜야 한다. 정치권과 시민사회는 갈등을 대립적으로 해결하기보다는 상호 협력과 대화를 통해 문제를 해결해야 한다. 이를 위해서는 상대방의 입장을 경청하고, 공통된 목표를 찾아 합리적인 결론을 도출하려는 자세가 필요하다.

더불어 사회 갈등을 유발하는 비합리적 제도를 정비하는 것도 중요한 과제다. 이념 갈등이 심화되는 이유 중 하나는 기존 제도가 특정 계층이나 이념에 편향되어 있거나, 불합리하게 작동하기 때문이다. 제도를 혁신하는 과정에서 좀 더 공정하고 투명한 사회 구조를 만들어갈 수 있다면, 이념 갈등은 자연스럽게 완화될 것이다.

이념 갈등을 완화할 수 있는 사회적 분위기가 MZ세대로부터 감지되고 있다. 이들은 탈이념·탈진영 성향의 주요 세력으로 부상되고 있다. 젊은 세대는 과거와 달리 이념적 성향에 얽매이지 않고, 실용적이고 합리적인 접근을 중요시하는 경향이 강하다. 이러한 세대가 우리사회의 전면에 나서면서 이념 갈등은 자연스럽게 약화될 가능성이 있다. 젊은 세대는 진보와 보수라는 전통적인 이념 구분보다는 구체적인 정책의 실효성을 평가하는 데 많은 관심을 둔다. 경제적 기회 확대와 삶의 질 향상, 그리고 개인의 권리와 자유가 중시되는 현대사회에서, 이들은 이념 대립보다 실질적인 문제 해결을 요구하는 목소리를 낸다. 이러한 성향은 진영 논리와 이념적 갈등이 지배하는 정치적 환경에서 벗어나, 합리적인 해결책을 모색하려는 새로운 사회적 흐름을 형성할 수 있다.

한국사회의 양극화

한국사회에서 양극화 현상이 본격적으로 나타난 시기는 1997년 IMF 외환 위기에 의해 형성되었다. 당시 IMF는 한국 경제에 막대한 충격을 주었으며, 경제 전반에 걸쳐 구조적인 변화가 시작되었다. 특히 외환 위기로 인한 대규모 구조조정과 해고가 일어났고, 고용 불안정이 뒤따랐다. 이런 연속적인 과정은 경제적 불평등을 심화시켰다. 또한, 이 시기를 기점으로 한국사회는 소득, 자산, 고용 등의 영역에서 양극화가 가속화되었으며, 이러한 경제적 불평등은 사회 전반에 걸쳐 확대되었다.

한국은 경제 회복 과정을 거쳤지만, 소득 분배의 불균형은 개선되지 못했다. 고소득층은 경제 회복의 혜택을 더 많이 누린 반면 저소득층은 여전히 경제적 어려움을 겪었다. 또한, 부동산 가격 상승과 자산 격차의 확대는 자산 불평등을 더욱 심화시키는 요인으로 작용했다. 부동산과 같은 자산을 보유한 고소득층은 자산 가격 상승의 혜택을 보았지만, 그렇지 않은 계층은 자산 격차로 인해 상대적 빈곤을 더욱 느끼게 되었다. 조세정책 역시 부의 재분배 기능을 충분히 수행하지 못한 점이 문제로 지적된다. 조세정책은 부의 재분배를 통해 불평등을 완화할 수 있는 중요한 도구이다. 그렇지만 한국의 조세 구조는 고소득층과 자산 보유층에 대한 세금 부담이 상대적으로 적어, 불평등 해소에 한계를 보였다. 이로 인해 소득과 자산 양극화는 지속적으로 확대되었다.

IMF 외환 위기는 사회 구성원들간 양극화가 심화된 바와 같이 한국 경제 대기업과 중소기업 간 경제 양극화도 눈에 띄게 나타났다. IMF이후 대기업은 글로벌 경쟁력을 강화하며 성장했지만, 중소기업은 자금과 인력 부족으로 인해 경쟁에서 뒤처지게 되었다. 이러한 기업 간 양극화는 고용 구조에도 영향을 미쳤다. 대기업은 상대적으로 안정적인 일자리를 제공하는 반면, 중소기업은 임금과 복지 수준이 낮고 고용 안정성이 떨어져 근로자들의 소득 불평등을 가중시켰다. 또한 산업 구조의 변화 역시 양극화를 심화시켰다. 전통적인 제조업 중심에서 정보통신기술(ICT) 산업 등 고부가가치 산업으로 경제 구조가 재편되면서, 새로운 기술과 지식에 대한 수요가 증가했다. 그러나 이러한 산업 변화에 적응하지 못한 근로자들은 일자리를 잃거나 낮은 임금을 받는 직종으로 이동하게 되었으며, 이는 노동 시장의 양극화를 심화시키는 결과를 낳았다.

외환 위기 이후 국가의 경제 동력이 떨어짐에 따라 경제 구조의 개혁이 둔화되었고, 사회 안전망 구축이 지연되었다. 이런 점들이 한국사회의 양극화를 가속화시킨 중요한 요인 중 한 축이 되었다. 한국은 경제 회복에 집중하는 과정에서 구조 개혁과 인력 투자, 사회 안전망 확충과 같은 장기적인 사회적 대책을 충분히 마련하지 못했다. 이로 인해 불평등이 해소되지 않았고, 오히려 양극화가 더욱 심화되었다. 사회 안전망 부족은 저소득층의 경제적 어려움을 더욱 가중시키며, 계층 간 사회적 이동의 기회를 제한했다. 예를 들어 실업자들이 재취업할 수 있는 교육과 훈련 프로그램의 부족, 사회복지 혜택의 제한 등은 저소득층이 경제적 어려움을 벗어나기 힘들게 만들었다. 이러한 문제는 사회적 불만과 갈등을 키우며, 양극화의 악순환을 초래했다.

통합을 위한 복지정책

한국사회는 양극화뿐만 아니라 경제적 불평등, 저출산·고령화, 사회 계층 이동의 둔화 등에 따라 다양한 사회문제들이 발생하고 있다. 정부는 사회문제 해결을 위해 다양한 복지제도를 활용하고 있다. 특히 최근 들어 사회적 불평등 해소와 삶의 질 향상을 위한 포괄적 복지로 전환되어야 할 필요성이 강조되고 있다. 한국의 복지정책은 그동안 경제 성장 중심의 정책에서 출발했지만, 현재는 사회 구성원의 삶의 질 향상과 사회적 형평성을 증진하기 위해 보편적 복지의 확대가 중요한 과제로 부상하고 있다. 보편적 복지는 사회 구성원 모두가 최소한의 생활을 영위할 수 있도록 보장하는 제도로, 건강, 교육, 주거 등 기본적인 생활권에 대한 공적 지원을 확대하는 것이 핵심이다.

한국은 고령화와 저출산 문제로 인한 노동력 감소와 함께, 취약 계층의 빈곤 문제가 심화되고 있다. 이를 해결하기 위해 보편적 복지를 통해 기본 소득 보장 프로그램을 확대하는 것이 중요하다. 이는 특정 계층만을 대상으로 한 선별적 복지에서 나아가, 사회 전반의 안전망을 강화하는 방향으로 발전해야 한다.

복지정책이 확대되더라도 여전히 복지 혜택에서 소외되는 계층이 존재할 수 있다. 특히 자영업자, 비정규직 노동자, 이주민 등 기존 사회보장제도의 틀 밖에 있는 계층에 대한 복지 사각지대 문제가 심각하다. 복지 사각지대를 해소하기 위해서는 치밀한 복지 시스템이 필요하며, 모든 계층이 공평하게 사회보장 혜택을 받을 수 있도록 복지 접근성을 높이는 정책이 필요하다.

한국사회에서 경제적 불평등은 계속해서 심화되고 있으며, 특히 소득과 자산 격차는 계층 간 형평성을 저해하고 있다. 불평등 문제를 해결하기 위해서는 소득재분배와 사회적 안전망을 강화하는 정책이 필수적이다. 이와 함께 기존의 경제 성장 위주의 정책에서 벗어나, 사회 구성원 모두가 동등한 기회를 가질 수 있도록 복지정책의 전환이 필요하다. 소득 상위층과 하위층 간의 격차를 줄이기 위해 조세제도를 통한 소득재분배 기능을 강화해야 한다. 부유층과 대기업에 대한 증세를 통해 재원을 마련하고, 저소득층을 위한 공공복지 지출을 확대하는 방식으로 소득 재분배를 이루는 것이 중요하다. 복지정책의 궁극적인 목표는 국민의 삶의 질을 향상시키는 것이다. 경제적 안정과 더불어 건강, 교육, 주거 등 다양한 복지 영역에서 국민들이 실질적으로 혜택을 누릴 수 있도록 정책을 설계하는 것이 필요하다. 또한, 저출산 문제 해결을 위해 육아 및 가정 내 돌봄 서비스에 대한 지원을 강화해야 한다.

한국 복지정책의 목표 중 하나는 포용적 성장과 공정한 기회 보장이다. 포용적 성장은 경제적 성과가 모든 사회 구성원에게 공평하게 돌아가도록 하는 것을 목표로 한다. 이를 위해 정부가 나서서 공정한 기회의 보장이 중요하다. 한국사회에서 포용적 성장을 실현하기 위해서는 경제적 불평등을 해소하고, 사회적 약자를 보호하는 정책이 필수적이다. 계층 간 이동 가능성이 점차 줄어들고 있는 사회에서는 기회의 불평등이 문제로 부각된다. 이를 해결하기 위해서는 공정한 기회 제공이 중요하며, 사회적 배경이나 출신에 따른 불이익을 최소화하는 제도가 필요하다.

계층 간 불평등을 해소하기 위해서는 교육 기회를 공평하게 제공하는 것이 무엇보다 중요하다. 특히 저소득층 가정의 학생들이 양질의 교육을 받을 수 있도록 교육복지 프로그램을 확대하며 공교육 시스템을 강화하는 것이 필요하다. 뿐만 아니라, 청년층과 여성은 취업과 사회진출 과정에서 상대적으로 더 큰 어려움을 겪고 있으므로, 이들에 대한 지원을 강화할 필요가 있다. 특히 청년실업 문제와 여성의 경력단절 문제를 해결하기 위한 일자리 복지와 취업 지원 프로그램을 확대하는 것이 중요하다.

한국사회에서 계층 간 이동성은 갈수록 약화되고 있으며, 이로 인해 계층 간 불평등이 고착화될 우려가 있다. 계층 이동의 사다리를 강화하기 위한 복지정책은 개인의 자립 능력을 강화하고, 스스로 경제적 안정을 이룰 수 있도록 지원하는 방향으로 전환되어야 한다. 기존의 복지정책은 종종 수급자를 양산하는 데 그치고, 그들의 자립을 돕는 데 한계가 있었다. 이에 따라, 복지정책의 패러다임을 단순한 지원에서 벗어나, 개인이 스스로 자립할 수 있도록 하는 방향으로 변화해야 한다. 복지 수혜자들이 노동 시장에 참여하고 사회적으로 자립할 수 있는 환경을 마련하는 것이 중요하다.

일자리 복지는 저소득층이 경제활동에 적극적으로 참여할 수 있도록 지원하는 정책으로, 스스로 자립할 수 있는 기반을 제공하는 데 중점을 둔다. 저소득층의 일자리 참여 동기를 부여하고, 노동시장에서의 경쟁력을 높이기 위한 교육과 훈련 프로그램이 필수적이다. 저소득 가구가 안정적인 일자리를 찾을 수 있도록 고용 지원 프로그램을 확대하고, 취업 후에도 안정적으로 일할 수 있도록 근로환경을 개선하는 정책이 필요하다.

복지정책은 사회적 안전망을 제공하는 것을 넘어서, 사회 구성원 개인의 역량을 개발하고 경제적 자립을 돕는 방향으로 나아가야 한다. 사람에 대한 투자는 경제 성장과 사회적 통합을 동시에 달성할 수 있는 중요한 전략으로, 특히 교육, 건강, 직업훈련 등에 대한 투자를 강화하는 것이 필요하다. 복지정책의 핵심은 사회적 약자를 배려하는 데 있다. 저소득층, 장애인, 노인, 이주민 등 다양한 사회적 약자들이 경제적·사회적으로 소외되지 않으며 동등한 기회를 누릴 수 있도록 정책적 지원과 배려가 필요하다.

한국의 현실과 미래 비전

한국은 해방 이후, 냉전 체제 속에서 남북한 체제 경쟁을 겪으며 전통적 가치와 지역 공동체보다 국가 중심의 발전 모델을 추구했다. 국가가 경제 성장과 근대화의 중심 역할을 수행하면서, 경제적 성과와 선진국을 따라잡기 위한 목표가 강력한 이념체계로 자리 잡았다. 이러한 발전 과정은 한국이 빠른 속도로 경제적 성장을 이루는 데 기여했지만, 그 과정에서 민주적인 정치과정이 간과되었고 다양한 사회적 문제가 발생했다.

한국은 산업화와 민주화를 통해 경제적·정치적 성장을 달성했으나, 그 과정에서 개인과 사회는 분열과 갈등, 불공정과 양극화, 적대와 대립을 겪게 되었다. 경제적 성장의 이면에는 빈부격차와 계층 간 불평등, 지역적 대립 등이 심화되었으며, 이는 한국사회가 지속적으로 겪고 있는 주요 사회문제로 자리 잡았다. 그동안 한국사회는 경제 성장에 집중하면서 사회적 변화에 대한 논의는 상대적으로 부족했다. 그 결과, 기존의 갈등 구조가 고착화되고, 새로운 사회 변화를 모색할 가능성이 축소되었다. 이러한 구조적 문제는 한국사회가 보다 포괄적이고 다원적인 사회로 나아가는 데 걸림돌로 작용하고 있다.

오늘날 한국사회는 발전 모델을 재구성하고, 새로운 국가 비전을 모색해야 하는 시점에 있다. 과거의 국가 중심적 발전 모델에서 벗어나, 개인과 사회의 다양성을 존중하며 함께 발전해 나가는 다원주의적 사회로 나아가야 한다. 현대사회는 미디어의 발달로 인해 다양한 정보가 교류되기에 더 이상 획일적이고 일방적인 발전 모델을 추구할 수 없다. 정치와 사회에서 다양한 가치와 관점이 공존할 수 있도록, 다원주의를 기초로 한 새로운 국가경영 방향이 요구된다. 사회 구성원들이 지닌 다름과 차이를 존중하며, 시민들이 공동체의 미래를 함께 기획하고 합의하는 과정이 중요하다. 이는 단순히 국가 주도의 발전이 아니라, 평등한 시민들의 참여와 소통을 바탕으로 하는 공존, 공생, 공산 발전 모델을 의미한다. 한국은 불평등과 양극화가 심화된 사회에서 새로운 기회의 제공과 공정성을 추구해야 한다. 시민 모두가 자신의 삶을 주체적으로 설계하고 참여할 수 있는 사회를 구현하기 위해, 공정한 기회 제공과 차별 없는 사회적 시스템을 구축해야 한다. 그러기 위해서는 사회 구성원 모두 민주시민으로 성장할 수 있는 학교 및 사회 민주시민교육이 필요하다.

미래사회를 위한 도전과제

우리는 지속가능한 미래사회를 실현하기 위해 풀어야 할 난제들이 많다. 첫째, 인구구조의 급격한 변화에 따른 대응 모색이다. 한국은 급속한 저출산과 고령화로 인해 인구구조의 큰 변화를 겪고 있다. 이러한 변화는 세대 간 갈등과 경제적 불평등, 교육 정책의 변화를 요구하며, 미래 한국사회에 심각한 도전 과제가 될 것이다. 한국의 저출산 문제는 해결의 실마리를 제대로 찾지 못해 고착화되고 있으며, 이에 따라 생산가능 인구가 급격히 감소하고 있다. 노동력 부족과 함께 경제 성장 둔화, 복지 재정 부담 증가, 노인 빈곤 문제가 심화될 가능성이 크다. 특히, 세대 간 갈등이 촉발되면서 젊은 세대와 노인 세대 간의 불평등이 확대될 우려가 있다. 저출산으로 인한 학령인구 감소는 교육정책에도 큰 영향을 미치고 있다. 대학 입학 정원의 축소, 교육의 질 향상, 그리고 교육 비용 절감과 같은 이슈가 교육정책의 핵심 과제로 부상하고 있으며, 이러한 문제를 해결하기 위해 혁신적인 교육정책이 요구된다.

둘째, 저성장 구조의 고착화에 따른 문제이다. 한국 경제는 그동안 수출 중심의 성장 모델을 기반으로 발전해 왔으나, 최근에는 저성장이 지속되면서 고착화 경향을 보이고 있다. 낮은 생산성, 서비스업의 지체, 4차 산업혁명 기술에 대한 대응 부족을 비롯한 다양한 요인으로 경제 성장이 둔화되고 있다. 한국 경제는 글로벌 경제 환경의 변화와 더불어 수출 중심 성장 모델의 한계에 직면하고 있다. 특히, 미중 무역 갈등, 보호무역주의 확산 등의 외부 요인으로 인해 수출 산업의 성장 잠재력이 감소하고 있으며, 내수 중심의 경제로 전환할 필요가 있다. 한국 경제는 양적 성장을 넘어 질적 성장을 추구해야 한다. 4차 산업혁명 기술의 적극적 도입과 친환경적 지속가능 경제로의 전환이 필요하며, 이를 통해 경제 성장의 새로운 패러다임을 구축할 수 있다. 특히, 서비스업과 ICT 산업의 성장을 통해 경제의 새로운 동력을 확보할 수 있다.

셋째, 4차 산업혁명과 기술적 변화에 따른 도전이다. 4차 산업혁명은 한국사회에 기술적 변화를 넘어 사회적·경제적 변화를 함께 가져올 것이다. 기술 혁신에 따른 경쟁은 국가 간 기술 패권 갈등을 촉발할 수 있다. 한국은 기술력 강화와 혁신을 통해 글로벌 기술 경쟁에서의 주도권을 확보해야 하며, 이를 위해 정부와 민간 부문의 협력과 지원이 필요하다. 기술 발전이 고도화되면서 실업과 인간 소외, 그리고 격차 확대 문제가 우려된다. 자동화와 인공지능의 도입으로 일부 직업이 사라지고, 노동시장에서의 불평등이 심화될 가능성이 크다. 이를 해결하기 위해서는 사회적 안전망을 강화하고 새로운 일자리 창출정책을 마련하는 것이 필수적이다.

넷째, 기후 위기에 대처할 지속가능한 경제 체제 유지이다. 기후 위기는 전 세계적인 문제로, 경제와 사회에 심각한 영향을 초래하고 있다. 이에 한국도 탄소중립과 지속가능 경제로의 전환을 추구하고 있다. 그러나 에너지 전환과 친환경 경제 실현 과정에서 지역 간 갈등과 경제적 충격이 발생할 가능성이 있다. 탄소중립 목표를 달성하기 위해서는 경제적·사회적 전환 과정에서 발생하는 불평등을 해결해야 한다. 특히, 에너지 전환으로 인해 소득이 감소하는 지역과 산업에 대한 지원이 필요하며, 이를 위한 적절하고 합리적인 전환이 강조되고 있다. 기후 위기에 대응하는 과정에서 발생하는 경제적 비용 증가와 관련 산업의 쇠퇴는 지역 경제에 심각한 충격을 줄 수 있다. 이러한 문제를 해결하기 위해서는 지역 경제 회복을 위한 정책적 지원과 재정적 투자가 요구된다.

다섯째, 국제질서에 따른 외교적 도전이다. 미중 간의 세계 패권 경쟁이 지속되는 가운데, 한국은 외교적 선택의 기로에 놓여 있다. 한미동맹을 유지하면서도 중국과 경제적 협력에 적극적으로 반응해야 하는 상황에서, 균형 잡힌 외교정책, 실리를 추구하는 외교정책이 필요하다. 미중 간 경쟁의 승자가 누가 될지는 예측하기 어렵기에 승자와 관계없이 한국은 국가 주권을 뚜렷하게 견지하는 외교정책을 마련해야 한다. 경제적으로 중국과의 협력을 유지하는 한편, 안보적으로는 한미동맹을 강화하는 복잡한 외교적 상황에 놓여 있다. 이에 따라 한국은 외부 환경의 변화에 유연하게 대응할 수 있는 외교 전략을 마련해야 한다.

러시아-우크라이나 전쟁, 북한-러시아 관계, 한미일 안보 협력, 중국-대만 간 관계 등 변화하는 국제 환경 속에서 한국은 다양한 외교적 선택을 요구받게 될 것이다. 외교적 선택은 얼마나 국가에 평화적, 경제적 이익이 되는가라는 국익의 관점에서 평가해야 할 것이다.

참고문헌

참고문헌

권요셉(2023). 『나는 왜 불안한 사랑을 하는가』. 뜰힘.

김영순(2018). 『다문화교육의 이론과 이론가들』. 북코리아.

김영순(2019). 『다문화교육과 협동학습 경험』. 북코리아.

김영순(2020). 『이주여성의 상호문화 소통과 정체성 협상』. 북코리아.

김영순(2021). 『시민을 위한 사회·문화 리터러시』. 박이정출판사.

김영순(2023). 『타자의 경험: 결혼이주여성의 생활세계담』. 패러다임북.

김영순(2024). 『양구일지_어느 사회과학자의 귀촌 이야기』. 북코리아.

김영순·갈라노바딜노자·아지조바피루자(2021). 『중앙아시아 출신 유학생의 상호문화소통과 문화적응』. 북코리아.

김영순·권요셉·최수안·김명희·황해영·김기화·김정희·이춘양(2023). 『유목적 주체: 결혼이주여성의 이혼과 홀로서기』. 북코리아.

김영순·남혜경(2022). 『초국적 정체성과 상호문화소통: 파독 간호사 이야기』. 북코리아.

김영순·박미숙·최승은·오영훈·손영화·박종도·조영철·이미정·오세경·정지현·박봉수·방현희·오영섭(2019). 『동남아시아계 이주민의 다문화 생활세계 연구』. 북코리아.

김영순·박병기·진달용·임재해·박인기·오정미(2022). 『다문화사회의 인문학적 시선』. yeondoo.

김영순·박선미·오영훈·이미정·김금희·방현희·허숙·임한나·박미숙·김창아·조영철·박순덕·배현주(2014). 『다문화교육연구의 경향과 쟁점』. 한국학술정보.

김영순·박선미·정상우·오영훈·김금희·박순덕·정소민·임지혜·박봉수·이미정·김성영·전예은·최보선·정지현·전영은(2014). 『다문화교육연구의 이론과 적용』. 한국학술정보.

김영순·박수정·성상환·양성은·오영훈·이미영·이미정·이훈재·강현민·김금희·김성영·박봉수·윤채빈·응웬뚜엔아잉·최승은·한광훈·허숙(2015). 『도서지역 결혼이주여성과 문화적응』. 한국학술정보.

김영순·오영섭·김도경·정연주·황해영·권도영·김정은(2024). 『정체성의 흔적: 고려인 결혼이주여성의 이주 스토리텔링』. 북코리아.

김영순·오정미·윤수진·김은희·이미정·오세경·김정희(2023). 『관계의 서사: 결혼이주여성의 이주생애 내러티브』. 북코리아.

김영순·임재해·박인기·박병기·진달용·오정미(2022). 『다문화 현상의 인문학적 탐구』. 연두.

김영순·장은영·김진석·장은숙·김창아·안진숙·정지현·윤영·최승은·정소민(2020). 『다문화사회와 리터러시 이해』. 박이정.

김영순·조영철·김정희·정지현·박봉수·오영훈·손영화·박종도·이미정·정경희·김기화·박미숙·오세경·임지혜·황해영(2019). 『중국계 이주민의 다문화 생활세계 연구』. 북코리아.

김영순·조영철·김정희·정지현·박봉수·오영훈·손영화·박종도·이미정·정경희·박미숙(2019). 『다문화 생활세계와 사회통합 연구』. 북코리아.

김영순·최승은·권도영·임지혜·박봉수·최희(2021). 『디아스포라와 노스탤지어: 사할린 한인의 삶과 이야기』. 북코리아.

김영순·최승은·김정희·황해영·박봉수(2019). 『동남아시아계 이주민의 생활세계 생애담 연구』. 북코리아.

김영순·최승은·오영섭·오정미·남혜경(2021). 『미국 한인이주여성의 초국적 삶과 공동체』. 북코리아.

김영순·최승은·정경희·정진헌(2021). 『독일 한인이주여성의 초국적 삶과 정체성』. 북코리아.

김영순·최승은·황해영·정경희·김기화(2019). 『결혼이주여성의 주체적 삶에 관한 생애담 연구』. 북코리아.

김영순·하종천(2022). 『다양성 경영과 상호문화 경험: 외국인 근로현장 이야기』. 북코리아.

김영순·황해영·권도영·김정은·임지혜(2020). 『중앙아시아계 이주여성의 삶: 이상과 현실 사이』. 북코리아.

김영순·황해영·남정연·문희진·박봉수(2023). 『이주여성 문화적응 생애담 스토리텔링: 중국 출신 결혼이주여성의 이야기』. 북코리아.

김영순·임재해·최병두·박충구·장성민·홍은영·김진희·오정미·김진선·황해영·장현정·김도경·문희진(2024). 『너와 나의 대화: 상호문화 실천』. 북코리아.

나희덕(2021). 『가능주의자』. 문학동네.

로넬 차크마 나니·권미영(2023). 『치타공 언덕 바르기, 한국을 날다』. 도서출판말.

박병기(2020). 『우리 시민교육의 새로운 좌표』. 씨아이알.

백우인(2023). 『너랑 하려고』. 천년의시작.

신상범·조계원(2023). 『우리 동네가 실험실이 된다면?』. 버니온더문.

에밀뒤르켐, 민혜숙 역(2021). 『사회학적 방법의 규칙들』. 이른비.

이홍재·강석태(2024). 『나무에 문화꽃이 피었습니다』. 아시안허브.

최현식(2022). 『일제 사진엽서, 시와 이미지의 문화정치학』. 성균관대학교출판부.

폴커게르하르트, 김종기 역(2021). 『칸트의 영구평화론』. 백산서당.

한나아렌트, 김선욱 역(2006). 『예루살렘의 아이히만: 악의 평범성에 대한 보고서』. 한길사.

색인

[ㅇ]